KB275320

초중급
핵심문법 한 권으로 정복하기
프랑스어
문법 총정리

핵심문법 한 권으로 정복하기

# 초중급
# 프랑스어
## 문법 총정리

**초판 1쇄**  2012년 12월 31일
**초판 3쇄**  2014년 10월 24일

| | |
|---|---|
| 저 자 | 신중성, 김지연 공저 |
| 발 행 인 | 윤우상 |
| 책임편집 | 최준명, 윤병호 |
| 북디자인 | DesignDidot 디자인디도 |
| 발 행 처 | 송산출판사 |
| 주 소 | 서울특별시 서대문구 홍제 2동 104-6 |
| 전 화 | (02) 735-6189 |
| 팩 스 | (02) 737-2260 |
| 홈페이지 | http://www.songsanpub.co.kr |
| 등록일자 | 1976년 2월 2일. 제 9-40호 |

**ISBN**   978-89-7780-188-2   13760

* 이 교재의 내용을 사전 허가없이 전재하거나 복재할 경우
  법적인 제재를 받게 됨을 알려 드립니다.
* 잘못된 책은 구입하신 서점이나 본사에서 교환해 드립니다.
* 정가는 표지에 표시되어 있습니다.

핵심문법 한 권으로 정복하기

# 프랑스어 문법 총정리

신중성 · 김지연 공저

송산출판사

# 머리말

본 교재는 철저하게 초중급 불문법을 총정리 하시고자 하는 분들을 위한 문법 정리 교재입니다. 기본적인 문법부터 다시 복습하며 재확인할 수 있도록 하였고 특히 시제와 동사 변화 연습에 많은 연습 문제를 실었습니다.

각각의 해당 문법을 배우면서 관련있는 연습 문제들을 풀다 보면 저절로 배운 문법 내용들을 완전히 이해할 수 있게 하여 누구든지 쉽게 프랑스어 문법을 접할 수 있게 하였습니다. 집중 반복하여서 매 과에 설명되어 있는 문법 핵심 사항을 이해하고 연습 문제만 풀어도 프랑스어 문법을 단계적으로 이해할 수 있을 것입니다. 쉽게! 재밌게! 프랑스어 문법을 학습하실 수 있습니다.

또한 너무 문법 위주로만 공부하다 보면 문장 읽기에 많은 어려움이 있게 되어 많은 예문들을 다양한 내용으로 실어 놓았고, 또한 문장내 에서의 문법 변화를 이해할 수 있도록 많은 지문을 통한 연습 문제도 실어 놓았습니다.

그리고 교재 뒤에 놓치기 쉬운 다양한 내용들의 문법 설명과 문제들을 부록식으로 BONUS 난에 실어 놓았습니다. 이 내용들만 잘 이해한다면 기본기 다지는데 많은 도움이 있을거라 확신합니다.

복잡한 프랑스어 동사 변화를 가장 쉽게 정리하여 볼 수 있도록 동사 변화 시제 흐름표도 교재 뒤에 부록식으로 실어 놓았습니다. 흐름표 보는 법만 잘 이해한다면 가장 쉽게 동사 변화 흐름과 복잡한 시제들을 간단하게 체계적으로 이해하실 수 있습니다.

아무튼 이 교재를 통하여 그동안 많이 어려워했던 초중급 수준의 불문법과 책 읽기에 많은 도움이 있기를 바랍니다. 독해 및 어휘 실력도 함께 늘리기 위하여서는 귀가 열리면 입이 열린다 A PARIS1 교재를 병행하면서 학습하면 최대한의 효과를 볼 것입니다.

끝으로 저의 교재들을 많이 사랑해 주시는 모든 분들께 진심으로 감사의 말씀드리며 앞으로도 여러분들의 프랑스어 학습 효과를 극대화 하기 위하여 최고의 교재들을 만들도록 더욱 더 정진하겠습니다.

종로 신중성어학원  신중성, 김지연

# 목차
## SOMMAIRE

제1부
초중급
불문법 총정리

# 1 직설법 현재(동사변화, 대명동사)  Le présent de l'indicatif

프랑스어 동사는 규칙과 불규칙 변화에 따라 <u>1군(규칙)</u>, <u>2군(규칙)</u>, <u>3군(불규칙)</u>이 있다. 1군 동사는 프랑스어 동사의 약 <u>90%</u>, 2군 동사는 프랑스어 동사의 약 <u>7%</u>로 규칙 변화한다. 3군 동사는 다소 불규칙하게 변하지만 동일하게 변화하는 동사의 그룹별로 암기하면 훨씬 쉽게 외울 수 있다.

## ① –er로 끝나는 1군 규칙 동사

1군 동사의 원형 어미는 항상 -er로 끝나며 주어에 따라 규칙 변화한다. 동사 원형의 어미 er는 각 인칭에 따라 다음과 같이 규칙 변화한다.

| **habiter** 살다, 거주하다 등 | | |
|---|---|---|
| Je | -e | J'habite aux Etats-Unis. (habiter) |
| Tu | -es | Tu écoutes la radio. (écouter) |
| Il / Elle / On | -e | Il / Elle / On dîne. (dîner) |
| Nous | -ons | Nous regardons la télé. (regarder) |
| Vous | -ez | Vous invitez des voisins. (inviter) |
| Ils / Elles | -ent | Ils / Elles parlent anglais. |

## ② –ir로 끝나는 2군 규칙 동사

| **finir** 끝내다, 마치다 | | |
|---|---|---|
| Je | -is | Je finis tard le vendredi. |
| Tu | -is | Tu finis tes devoirs. |
| Il / Elle / On | -it | Il / Elle / On finit tôt. |
| Nous | -issons | Nous finissons à 19 heures. |
| Vous | -issez | Vous finissez votre verre. |
| Ils / Elles | -issent | Ils / Elles finissent de manger. |

choisir 선택하다, réfléchir 생각하다, réussir 성공하다, remplir 채우다, applaudir 박수갈채하다

여성형 형용사에서 파생된 것도 있다.

grande → grandir, vieille → vieillir, grosse → grossir, maigre → maigrir

## ③ -er, -ir, -re, -oir로 끝나는 3군 주요 불규칙 동사

| **aller** 가다 | |
|---|---|
| Je vais | |
| Tu vas | |
| Il / Elle / On | va |
| Nous allons | |
| Vous allez | |
| Ils / Elles | vont |

| **venir** 오다 | |
|---|---|
| Je viens | |
| Tu viens | |
| Il / Elle / On | vient |
| Nous venons | |
| Vous venez | |
| Ils / Elles | viennent |

| **partir** 떠나다, 출발하다 | |
|---|---|
| Je pars | |
| Tu pars | |
| Il / Elle / On | part |
| Nous partons | |
| Vous partez | |
| Ils / Elles | partent |

| **offrir** 제공하다, 주다 | |
|---|---|
| J'offre | |
| Tu offres | |
| Il / Elle / On | offre |
| Nous offrons | |
| Vous offrez | |
| Ils / Elles | offrent |

| **faire** 하다, 만들다 | |
|---|---|
| Je fais | |
| Tu fais | |
| Il / Elle / On | fait |
| Nous faisons | |
| Vous faites | |
| Ils / Elles | font |

| **prendre** 잡다, 먹다, 타다 | |
|---|---|
| Je prends | |
| Tu prends | |
| Il / Elle / On | prend |
| Nous prenons | |
| Vous prenez | |
| Ils / Elles | prennent |

## 1. 동사의 직설법 현재변화   Le présent de l'indicatif

| **devoir** 해야만 하다 | **savoir** 알다 |
|---|---|
| Je dois | Je sais |
| Tu dois | Tu sais |
| Il<br>Elle } doit<br>On | Il<br>Elle } sait<br>On |
| Nous devons | Nous savons |
| Vous devez | Vous savez |
| Ils<br>Elles } doivent | Ils<br>Elles } savent |

| **vouloir** 원하다 | **pouvoir** 할 수 있다 |
|---|---|
| Je veux | Je peux |
| Tu veux | Tu peux |
| Il<br>Elle } veut<br>On | Il<br>Elle } peut<br>On |
| Nous voulons | Nous pouvons |
| Vous voulez | Vous pouvez |
| Ils<br>Elles } veulent | Ils<br>Elles } peuvent |

**④ 대명동사 (verbe pronominal)**

기존의 동사가 주어와 같은 인칭의 보어대명사와 함께 쓰임으로써 다음과 같은 용법으로 활용된다.

◎ **재귀적 용법 :** 동사의 동작이 주어 자신에게 되돌려진다.

재귀형 se는 주어의 인칭과 수에 따라 다음과 같이 형태가 변하며, me, te, se 는 모음이나 무음h로 시작되는 동사 앞에서는 m', t', s'로 축약된다.

주요 동사로는 se réveiller 깨어나다, se lever 일어나다, se laver 씻다, s'habiller 옷을 입다, se maquiller 화장하다, se coucher 자리에 눕다/자다, se présenter 자신을 소개하다 등이 있다.

| se lever 일어나다 ||
| --- | --- |
| je me lève | nous nous levons |
| tu te lèves | vous vous levez |
| il<br>elle } se lève | ils<br>elles } se lèvent |

대명동사의 부정형은 se + 동사 앞 뒤에 ne ~ pas를 놓는다.

| se lever 일어나다 ||
| --- | --- |
| je ne me lève pas | nous ne nous levons pas |
| tu ne te lèves pas | vous ne vous levez pas |
| il<br>elle } ne se lève pas | ils<br>elles } ne se lèvent pas |

◎ 상호적 용법

이때 주어는 복수여야 하며, '서로~하다'로 해석한다.

주요 동사로는 s'aimer 서로 사랑하다, se détester 서로 싫어하다, se voir 서로 보다/만나다, se téléphoner 서로 전화하다, se parler 서로 이야기하다, se connaître 서로 알다 등이 있다.

Ils se téléphonent l'un à l'autre. 그들은 서로에게 전화를 한다.

Ils s'aiment. 그들은 서로 사랑한다.

◎ 수동적 용법

주어가 사물일 때 동작의 의미를 강조할 때 주로 쓰인다.

주요 동사로는 se vendre 팔리다, se faire 만들어지다/이루어지다 등이 있다.

Ce pull se vend bien. 이 스웨터는 잘 팔린다.

Paris ne s'est pas fait en un jour. 빠리는 하루 아침에 이루어지지 않았다.

**1** 다음 동사변화에 맞는 주격인칭대명사를 써보세요.

    **1)** __________ / __________ travaillent.

    **2)** __________ dansez.

    **3)** __________ mangeons.

    **4)** __________ achètes des chaussures.

    **5)** __________ / __________ / __________ / __________ envoie une lettre.

    **6)** __________ dessinez.

    **7)** __________ / __________ oublient son nom.

    **8)** __________ pleures.

    **9)** __________ restons jusqu'à 18 heures.

    **10)** __________ / __________ / __________ / __________ marche vite.

**2** 다음 질문에 답하세요.

    **1)** Julien, tu manges quoi au petit déjeuner?

      - En général, je __________ des céréales.

    **2)** Ton mari et toi, vous rentrez à quelle heure le soir?

      - Nous __________ , en général à la même heure, à 20 heures.

    **3)** Que faites-vous après ? Vous discutez? Vous regardez la télé?

      - Les deux : parfois, on __________, parfois on __________ la télé.

    **4)** Tu déjeunes chez toi?

      - Ça dépend, mais d'habitude je __________ au restaurant.

    **5)** Quand préférez-vous partir, aujourd'hui ou un autre jour?

      - Moi, je __________ samedi, et toi, tu __________ quel jour?

**6)** Vous payez comment?

- Je __________ avec ma carte de crédit.

**7)** Vous envoyez des cartes postales en vacances?

- Non, j' __________ des e-mail. Et vous?


 다음 주어진 동사를 선택하여 문장을 완성하세요.

> **rougir　finir　réfléchir　choisir　salir　obéir　réussir**

**1)** Nous commençons tôt et nous ________________ souvent très tard.

**2)** Tu ________________ toujours tes omelettes!

**3)** Vous ________________ bien à cette question.

**4)** Je ________________ quelle robe pour le mariage?

**5)** ________________ immédiatement! C'est un ordre!

**6)** Les enfants ________________ vite leurs habits.

**7)** Elle est timide, elle ________________ facilement.


 다음 주어진 동사를 변화시켜 문장을 완성하세요.

**1)** Guillaume et moi, nous ______________ tous les étés en vacances dans les campagnes. (aller)
기욤과 나, 우리는 매년 여름 시골로 휴가를 떠난다.

**2)** En général, je ______________ début août. (partir)
대개 나는 8월 초에 떠나.

**3)** Qu'est-ce que vous ______________ généralement le dimanche?
대개 일요일엔 뭐하세요?

- Moi, je ne ______________ rien de spécial, ça dépend. (faire)
전 특별히 하는 건 없어요. 때에 따라 달라요.

**4)** Je ______________ à peu près 1 heure en bus. (mettre)
난 버스로 대략 한시간 정도 걸려.

**5)** Après le déjeuner, mes collègues ______________ un café, moi je

______________ un thé. (prendre)
점심식사 후에 나의 동료들은 커피를 마시고 나는 차를 마신다.

**6)** Ton frère ______________ souvent, mais tu ______________ très peu. (écrire)
너의 형은 자주 편지를 쓰는데, 넌 거의 안 쓰는구나.

**7)** Ils ______________ toujours des romans policiers, et toi, tu ______________

quoi? (lire)
그들은 항상 추리소설을 읽어, 넌 뭘 읽니?

**8)** Quelquefois mes amis ______________ manger chez moi. (venir)
가끔 내 친구들은 나의 집에 식사하러 오곤 한다.

**9)** Nous ______________ sortir maintenant. (vouloir)
우리는 지금 외출하길 원해요.

**10)** Elle ______________ se reposer. (devoir)
그녀는 쉬어야만 해.

**5** 다음의 주어진 대명동사를 인칭에 맞게 쓰세요.

**1)** Je ________ ma voiture et je ________________ (laver/se laver)
나는 세차하고, 씻는다.

**2)** Tu ________________ dans le bois de Vincennes ? (se promener)
너는 뱅센느 숲을 산책하니?

**3)** Vous ________________ longtemps. (se parler)
당신들은 오랫동안 이야기를 하는군요.

# 2 축약관사   L'article contracté

## 1 축약관사 du, des

**1)** 전치사 de와 같이 쓰인 정관사는 함께 다음과 같이 축약해서 쓴다.

de + le → du     : le sac du professeur 선생님의 가방

de + les → des   : les sacs des professeurs 선생님들의 가방들

**2)** de la는 축약이 없이 그대로 쓰이며, 다음에 모음으로 시작하는 단수 명사가 오면 성에 관계없이 모두 모음 축약되어 de l'의 형태로 쓴다.

la maison de la dame 그 부인의 집

l'appartement de l'employé 그 직원의 아파트

**3)** 사람 이름이나 도시명 앞에는 관사를 안쓰므로 항상 de의 형태이다.

la chambre de Marie 마리의 방

la ville de Paris 빠리 시

## 2 축약관사 au, aux

**1)** 전치사 à와 같이 쓰인 정관사는 de와 함께 다음과 같이 축약해서 쓴다.

à + le → au     : Elle parle au professeur. 그녀가 교수님에게 말한다.

à + les → aux   : Elle parle aux étudiants. 그녀가 학생들에게 말하고 있다.

**2)** à la는 축약이 없이 그대로 쓰이며, 다음에 모음으로 시작하는 단수 명사가 오면 성에 관계없이 모두 모음 축약되어 à l'의 형태로 쓴다.

Je vais à la pharmacie. 나는 약국에 간다.

Tu vas à l'opéra ? 너 오페라에 가니?

**3)** 사람 이름이나 도시명 앞에는 관사를 안쓰므로 항상 à의 형태이다.

Elle habite seule à Montpellier. 그녀는 몽펠리에에서 혼자 살고 있다.

Ils parlent à Marie. 그들이 마리에게 말하고 있다.

**1** 다음 빈칸에 de, du, de la, des, de l' 중에서 문법에 맞게 쓰세요.

**1)** les bras (　　) Pierre

**2)** les classes (　　) étudiants

**3)** la porte (　　) église

**4)** les livres (　　) professeur

**5)** la capitale (　　) France

**6)** les rues (　　) Paris

**2** 다음 빈칸에 à, au, à la, aux, à l' 중에서 문법에 맞게 쓰세요.

**1)** Je visite un quartier (　　) Paris.

**2)** Nous sommes (　　) mois de juillet.

**3)** Le professeur parle (　　) étudiants.

**4)** Il dit (　　) vendeuse.

**5)** Elle demande son chemin (　　) agent de police.

**6)** Elle parle (　　) Pierre.

## ① 소유형용사

명사 앞에 관사 대신 쓰이며, 명사의 성과 수에 일치시켜야 한다. 그리고 여성 명사지만 모음이나 무음 h로 시작하는 단수형은 ma, ta, sa 대신 mon, ton, son을 써야 한다.

| 나의 | | |
|---|---|---|
| 남성단수 | mon | Je vous présente mon mari Christophe et mes collègues Loïc et Caroline. |
| 여성단수 | ma | |
| 남·여 복수 | mes | 제가 당신에게 나의 남편 크리스토프와 나의 동료들 로익과 까롤린느를 소개시켜드릴게요. |

| 너의 | | |
|---|---|---|
| 남성단수 | ton | Je connais ton nom et ton adresse. |
| 여성단수 | ta | 나는 네 이름과 네 주소를 알고 있어. <br> Tes chaussures sont très jolies. |
| 남·여 복수 | tes | 네 신발 정말 예쁘다. |

| 그의/그녀의 | | |
|---|---|---|
| 남성단수 | son | Elle aime son nouvel appartement, son école et ses amis. |
| 여성단수 | sa | |
| 남·여 복수 | ses | 그녀는 그녀의 새로운 아파트와 학교, 그리고 그녀의 친구들을 좋아한다. |

| 우리의 | | |
|---|---|---|
| 남성단수 | notre | Nous partons en vacances avec nos enfants et notre chien. |
| 여성단수 | notre | |
| 남·여 복수 | nos | 우리는 우리의 아이들과 우리의 개를 데리고 휴가를 떠난다. |

| 당신의 / 당신들의 / 너희들의 | | |
|---|---|---|
| 남성단수 | votre | C'est votre manteau et votre écharpe? |
| 여성단수 | votre | 이것이 당신의 코트와 스카프인가요? <br> Ce sont vos lunettes de soleil? |
| 남·여 복수 | vos | 이것이 당신의 썬글라스인가요? |

| 그들의 / 그녀들의 | | |
|---|---|---|
| 남성단수 | leur | Leur chambre est toujours en désordre et ils ne rangent jamais leurs affaires. |
| 여성단수 | leur | |
| 남·여 복수 | leurs | 그들의 방은 언제나 어지럽혀져 있으며 그들은 제 물건을 정리하는 법이 없다. |

 **② 소유대명사**

선행된 명사를 대신하며, 사람·사물을 다 받는다.

| | 나의 것 | 너의 것 | 그/그녀의 것 |
|---|---|---|---|
| 남성단수 | le mien | le tien | le sien |
| 여성단수 | la mienne | la tienne | la sienne |
| 남성복수 | les miens | les tiens | les siens |
| 여성복수 | les miennes | les tiennes | les siennes |
| | 우리들의 것 | 당신/당신들/너희들의 것 | 그/그녀들의 것 |
| 남성단수 | le nôtre | le vôtre | le leur |
| 여성단수 | la nôtre | la vôtre | la leur |
| 남·여 복수 | les nôtres | les vôtres | les leurs |

Prête-moi ta moto, la mienne est en panne.
너의 오토바이 좀 빌려줘. 나의 것이 고장났거든.

Est-ce que je peux mettre ta chemise? La mienne est au pressing.
네 셔츠좀 입어도 될까? 나의 것은 세탁소에 있거든.

À qui est ce blouson? 이 점퍼 누구꺼야?

- C'est le mien. 그거 내꺼야.

＊ à + 강세형 대명사는 "～의 것"이란 의미로 사용된다.

**1** 일치하는 소유형용사를 찾아 넣어보세요.

**1)** __________ appareil photo 당신의 카메라

**2)** __________ lunettes de plongée 나의 물안경

**3)** __________ pulls 그녀의 스웨터들

**4)** __________ maillot de bain 너의 수영복

**5)** __________ chausettes 그들의 양말들

**6)** __________ raquette de tennis 당신의 테니스 라켓

**7)** __________ sous-vêtements 우리들의 속옷들

**8)** __________ brosse à dents 나의 칫솔

**9)** __________ valise 너의 가방

**10)** __________ gants noirs 그의 검정색 장갑


**2** 적절한 소유형용사를 골라 밑줄치세요.

**1)** Elles ne connaissent pas **ta/ton/mon** femme.

**2)** Vous travaillez dans la société de **nos/votre/ma** frère?

**3)** Je te présente **mon/leur/ses** mari.

**4)** Il vit à Lyon avec **leurs/sa/son** sœur?

**5)** Ils aiment sortir avec **votre/ton/leurs** amis.

**6)** Nous vendons **ton/ses/notre** voiture.

**3** 다음 빈칸을 적절한 소유형용사로 채우세요.

**1)** Qu'est-ce que tu fais dimanche?

- Je vais au théâtre avec __________ mari et __________ fille.

**2)** Il vient à la soirée chez Martine?

- Oui, mais __________ femme ne peut pas venir.

**3)** Patrick et Corinne ne sont pas là?

- Non, ils sont chez __________ amis, à Nancy.

**4** 일치하는 소유대명사를 찾아 넣어보세요.

**1)** C'est mon lit et c'est __________________.
이것은 내 침대고, 저것은 네 것이다.

**2)** Ce sont tes clés et ce sont __________________.
이것은 네 열쇠들이고, 저것은 그들의 것이다.

**3)** C'est son verre et c'est __________________.
이것은 그의 잔이고, 저것이 당신의 것이다.

**4)** Vos pantalons sont sous la chaise et __________________ sont sur le lit.
당신의 바지들은 의자 아래에 있고, 내 것들은 침대 위에 있다.

**5)** Leur voiture est rouge et __________________ est blanche.
그들의 자동차는 빨간색이고 우리 것은 흰색이다.

**6)** Ma jupe est trop courte et __________________ est trop grande.
내 치마는 너무 짧고 그녀의 것은 너무 크다.

**5** 문맥에 맞게 적절한 소유대명사를 넣어보세요.

**1)** J'achète mes livres, tu achètes __________ , elle achète __________ .

**2)** Je prendrai mon parapluie, tu prendras __________ , elle prendra __________ .

**3)** Nous conduirons notre fille à l'école, vous y conduirez __________ , ils y conduiront __________ .

## ① 지시형용사

"이, 그, 저~" 또는 과 같이 사람이나 사물을 가리킬 때 쓰는 형용사이다. 그러나 시간을 나타내는 명사 앞에서는 "오늘, 이번~"이란 뜻도 있다. 그리고 남성 명사 중 모음이나 무음 h로 시작하는 단수형은 cet형태를 취한다.

| | | |
|---|---|---|
| 남성단수 | ce<br>cet | Je te prête ce pantalon. 네게 이 바지를 빌려줄게.<br>Comment marche cet appareil? 이 기계 어떻게 작동하는거죠? |
| 여성단수 | cette | Elle va en France cette année. 그녀는 올해 프랑스에 간다. |
| 남·여 복수 | ces | Ces acteurs jouent mal. 저 배우들은 연기를 못한다. |

ce matin 오늘 아침     cet après-midi 오늘 오후     ce soir 오늘 저녁     cette nuit 오늘 밤

ce samedi 이번 토요일     ce week-end 이번 주말     cette semaine 이번 주     cet été 올 여름

하지만 날과 달 뒤에는 "–ci"를 첨가한다.

ces jours-ci 요즈음, 최근     ce mois-ci 이번달

## ② 지시대명사

앞 문장에 선행된 명사를 대신하며, 사람·사물을 받으며, 다음의 지시대명사 뒤에는 전치사나 관계사가 이끄는 절이 올 수도 있다.

celui는 단수 남성명사를, celle은 단수 여성명사를 대신한다. 복수 남성명사를 대신할 때는 ceux, 복수 여성명사를 대신할 때는 celles을 사용할 수 있다.

| | | |
|---|---|---|
| 남성단수 | celui | Tu veux du gâteau?<br>- Oui, si c'est celui de maman. |
| 여성단수 | celle | J'aime bien la chemise à fleurs.<br>- Moi, je préfère celle à rayures. |
| 남성복수 | ceux | Les costumes de Charles sont plus élégants que ceux de Richard. |
| 여성복수 | celles | Vous voulez des bottes en cuir?<br>- Oui, je voudrais essayer celles qui sont dans la vitrine. |

지시대명사는 흔히 가까운 것 ci, 먼 것에는 là를 붙여 전치사나 관계사 없이 단독으로 사용할 수도 있다.

| | | |
|---|---|---|
| 남성단수 | celui-ci, celui-là | Est-ce que je peux essayer ce pantalon?<br>- Bien sûr, mais celui-ci ou celui-là? |
| 여성단수 | celle-ci, celle-là | Quelle cravate prends-tu?<br>- Celle-ci! C'est la plus belle. |
| 남성복수 | ceux-ci, ceux-là | Voici des pulls. Ceux-ci sont à Léa et ceux-là sont à Marc. |
| 여성복수 | celles-ci, celles-là | Des chaussures de marche? Vous avez celles-ci, qui sont en promotion, et celles-là, plus chères mais plus solides. |

**1** 일치하는 지시형용사를 찾아 넣어보세요.

   **1)** Regarde __________ carte.

   **2)** __________ poires sont trop mûres.

   **3)** __________ collier est très beau.

   **4)** __________ actrice française est très célèbre.

   **5)** __________ homme est dangereux.

   **6)** __________ vélo est à vous?

   **7)** __________ photo est floue.

   **8)** __________ alcool est trop fort.

   **9)** __________ robes sont trop chères.

  **10)** __________ histoire est très drôle.

**2** 다음 보기와 같이 적절히 답하세요.

> **ex.** **Elle revient la semaine prochaine?**
> **- Non, elle revient cette semaine.**

   **1)** Tu pars quand? le week-end prochain?

    - Non, je pars __________________

   **2)** Les étudiants entrent à la fac le mois prochain?

    - Non, ils entrent __________________

   **3)** Tu fêtes tes 20 ans l'année prochaine?

    - Non, je fête mes 20 ans __________________

다음 보기와 같이 지시형용사와 지시대명사를 사용하여 문장을 완성하세요.

> ex. *Cet* ordinateur est le mien et *celui* de mon mari est sur le bureau.

1) _________ clés sont à vous et _________ de mon fils est à gauche du livre.

2) _________ ascenseur est en panne. Prenez _________ de droite.

3) Ne mets pas _________ cravate, je préfère _________ à rayures.

## 형용사   **L'adjectif qualificatif**

### ① 형용사의 여성형

**1)** 일반적으로 남성형에 –e를 첨가하여 만든다.

gand-grande    petit-petite    joli-jolie    fort-forte    intelligent-intelligente

**2)** -e로 끝난 형용사는 여성형도 동일하다.

sévère-sévère    malade-malade    utile-utile    agréable-agréable

**3)** -er는 ère로 바뀐다.

cher-chère    premier-première    dernier-dernière    fier-fière    léger-légère

**4)** -en, on, el, eil, et로 끝난 형용사는 끝자음을 중복하고 –e를 첨가한다.

mignon-mignonne    officiel-officielle    pareil-pareille    net-nette 명료한

예외) inquiet-inquiète    complet-complète

**5)** -f는 –ve로 바뀐다.

sportif-sportive    actif-active    passif-passive    agressif-agressive

예외) bref-brève 간결한

**6)** –x는 –se로 바뀐다.

jaloux-jalouse    paresseux-paresseuse    sérieux-sérieuse
nerveux-nerveuse

예외) doux-douce    faux-fausse 틀린    vieux-vieille

**7)** –gu는 guë로 바뀐다.

aigu-aiguë    ambigu-ambiguë 애매한

**8)** –c는 –que 또는 –che로 바뀐다.

public-publique 공공의    turc-turque    예외) grec-grecque    chic-chic
blanc-blanche    franc-franche    sec-sèche

**9)** 특수한 변화를 하는 형용사

beau-belle    nouveau-nouvelle    bas-basse    épais-épaisse
fou-folle    mou-molle
frais-fraîche    long-longue    favori-favorite    jumeau-jumelle

**10)** 모음이나 무음 h 앞에서 남성 제2형을 갖는 형용사

| 남성 제 1형 | 남성 제 2형 | | 여성형 |
|---|---|---|---|
| beau | bel (bel hôtel 멋진 호텔) | | belle |
| nouveau | nouvel (nouvel an 신년) | | nouvelle |
| vieux | vieil (vieil appreil photo 낡은 카메라) | | vieille |
| fou | fol (fol enfant 미친 아이) | | folle |
| mou | mol (mol oreiller 푹신한 베개) | | molle |

◎ 하지만, 복수가 될 경우에는 제 1형의 복수형을 쓴다.

un bel ami - de beaux amis
un nouvel étudiant - de nouveaux étudiants
un vieil homme - de vieux hommes

## ② 형용사의 위치

**1)** 일반적으로 명사 뒤에 놓이는데, 몇몇의 형용사들은 명사 앞에 놓이기도 한다.
명사 앞에 놓이는 형용사는 petit, beau, joli, grand, bon, gros, jeune, vieux, mauvais 등
이 있다.

ex. un grand appartement, les trois jolies filles, une vieille dame

**2)** 형용사의 위치에 따라 의미가 달라지는 것들도 있다.

un collier cher 비싼 목걸이     un cher collier 소중한 목걸이
une chambre propre 깨끗한 방     ma propre chambre 나만의 방
un homme pauvre 가난한 남자     un pauvre homme 가련한 남자
un immeuble ancien 낡은 건물     mon ancien immeuble 나의 예전 건물
une histoire drôle 재미있는 이야기     une drôle d'histoire 이상한 이야기

**3)** neuf와 nouveau의 차이점

neuf-neuve 최근에 새로나온, 새것

un livre neuf (최근 출시된) 새 책

une jupe neuve (한번도 입지 않은) 새 치마


neuf-neuve의 대립어에는 vieux-vieille가 있다.

un vieux livre 낡은 책

une vieille jupe 낡은, 오래된 치마


nouveau-nouvelle : 새로운 (꼭 새것이란 의미를 가지진 않는다), 명사 앞에 놓인다.

Je te donne ma nouvelle adresse. 내가 너에게 나의 새 주소[바뀐 주소]를 줄게.

C'est un nouveau professeur. 새로운[새로 바뀐] 선생님입니다.

Tu as mis un nouveau pull. 너 새[처음 보는] 스웨터 입었구나.


nouveau-nouvelle의 대립어에는 ancien-ancienne가 있다.

mon ancienne adresse 나의 예전 주소

mon ancien professeur 나의 예전 선생님

**1**  수식하는 명사의 성수에 유의하면서 빈칸에 다음 형용사를 넣어보세요.

**1)** J'aime bien la cuisine _______________ (indien)

**2)** Les vins _______________ et les vins _______________ sont célèbres dans le monde entier. (français, chilien)

**3)** C'est un homme _______________ (sérieux)

**4)** Elle est _______________ et _______________ (sérieux/cultivé)

**5)** Ces magazines sont très _______________ (original)

**2**  다음 표현들을 복수로 놓으세요.

**1)** un nouvel étudiant →

**2)** le beau cheval →

**3)** un enfant heureux →

**4)** un bel ami →

**5)** un vieil homme →

**6)** la belle amie →

**7)** un nouveau journal →

**8)** le vieux pull →

# 6 부사 L'adverbe

## ① 파생부사 만드는 법

**1)** 형용사의 여성형 + ment

lent – lente → lentement 느리게
doux – douce → doucement 부드럽게
heureux – heureuse → heureusement 다행히도
예외) gentil – gentille → gentiment 친절하게

**2)** 모음으로 끝나는 남성 형용사는 여성형으로 바꾸지 않고 –ment을 붙인다.

vrai → vraiment 정말로
poli → poliment 공손하게
absolu → absolument 절대적으로

예외) gai → gaiement 즐겁게

**3)** -ent로 끝나는 형용사는 –emment로 바꾸어 부사를 만든다. 이때 철자 e는 [a]로 발음하는 것에 유의하자.

prudent 신중한 → prudemment
violent 난폭한 → violemment
fréquent 빈번한 → fréquemment
différent 다른 → différemment

**4)** –ant로 끝나는 형용사는 –amment로 바꾸어 부사를 만든다.

bruyant 시끄러운 → bruyamment
méchant 못된 → méchamment
suffisant 충분한 → suffisamment

**5)** précis 분명한 → précisément
profond 깊은 → profondément
énorme 거대한 → énormément

**1**  다음 형용사의 부사형을 찾아보세요.

**1)** facile 쉬운 →

**2)** difficile 어려운 →

**3)** vrai 진실한 →

**4)** certain 확실한 →

**5)** seul 유일한 →

**6)** sûr 확신하는 →

**7)** complet 완전한 →

**8)** normal 정상적인 →

**9)** réel 실제적인 →

**10)** malheureux 불행한 →

**11)** entier 전체적인 →

**12)** exact 정확한 →

**13)** évident 분명한 →

**14)** patient 참을성이 있는 →

**15)** récent 최근의 →

**16)** constant 변함없는, 항구적인 →

**17)** rare 드문 →

**18)** doux 부드러운 →

**19)** spécial 특별한 →

**20)** naturel 자연 그대로의 →

**21)** joli 예쁜 →

**22)** libre 자유로운 →

**23)** régulier 규칙적인 →

**24)** secret 비밀의 →

**25)** tendre 부드러운, 다정한 →

**26)** passif 수동적인 →

**2**  적절한 부사를 사용하여 문장을 완성해보세요.

**1)** Cet élève est sérieux. Il travaille _________________
그 학생은 진지하다. 그는 진지하게 일한다.

**2)** Cet homme est discret. Il agit _________________
이 남자는 조심스럽다. 그는 조심스럽게 행동한다.

**3)** Ce garçon est franc. Il me donne _________________ son avis.
그 청년은 솔직하다. 그는 자신의 의견을 솔직히 나에게 준다.

**4)** Vanessa est patiente. Elle attend _____________________
바네사는 참을성이 있다. 그녀는 끈기있게 기다린다.

**5)** Mon père est prudent. Il conduit _____________________
나의 아버지는 신중하다. 그는 신중히 운전한다.

**6)** Matthieu est attentif. Il m'écoute _____________________
마띠외는 주의깊다. 그는 내 말을 주의깊게 듣는다.

**7)** Son exposé est très clair. Il explique _____________________
그의 발표는 매우 명확하다. 그는 명확하게 설명한다.

**①** 동사 앞, 뒤에 부정을 나타내는 ne와 pas를 넣는 ne~pas 형태에서 pas대신 다음과 같이 다른 어구를 써서 뉘앙스가 다른  부정형을 만들 수도 있다.

| ne ~ jamais | 결코 ~ 아니다 | ne ~ plus | 더이상 ~ 아니다 |
|---|---|---|---|
| ne ~ rien | 아무것도 ~ 아니다 | ne ~ personne | 아무도 ~ 아니다 |
| rien ne ~ | 아무것도(주격) ~ 아니다 | personne ne~ | 아무도(주격) ~ 아니다 |
| ne ~ aucun(e).. | 어떤..도 ~아니다 | aucun(e).. ne ~ | 어떤..도(주격) ~ 아니다 |

◎ ne ~ jamais 전혀, 절대 ~하지 않는다

Je ne vais jamais voir les films en version française. 나는 불어버전의 영화는 절대 보러 가지 않는다.

Vas-tu parfois à la piscine? 너 가끔 수영장에 가니?
- Non, je n'y vais jamais. 아니. 난 거기 전혀 안가.

Je n'ai jamais travaillé dans la publicité. 난 광고회사에서 일한 적이 없다.

◎ ne ~ plus 더이상 ~하지 않는다

Les étudiants sont-ils encore dans l'amphithéâtre?
- Non, ils n'y sont plus.

Tes grands-parents habitent-ils toujours à Montpellier?
- Non, ils n'y habitent plus.

Il n'y a plus de lait.
Elle a décidé de ne plus fumer.

◎ ne ~ rien 아무것도 ~않다

Je ne regrette rien. 난 아무것도 후회하지 않아요.
Je ne sais rien. 난 아무것도 모르겠어.
Elle ne fait rien. 그녀는 아무것도 안 하고 있다.
Je n'ai rien dit. 나 아무말도 안했어.

◎ ne ~ personne 어느 누구도 아니다.
Elle n'aime personne. 그녀는 아무도 사랑하지 않아.
Tu n'invites personne? 넌 아무도 초대 안하니?

Il n'y a personne dans la classe. 교실안에는 아무도 없다.
Je n'ai vu personne. 난 아무도 못 봤어.


◎ Rien ne ~ 어떤 것도 아니다.

Rien ne me plaît. 아무것도 마음에 들지 않아.
Rien n'a changé. 아무것도 안변했군.


◎ Personne ne ~ 어느 누구도 아니다.

Personne n'est parfait. 아무도 완벽하지 않다.
Personne n'est venu. 아무도 오지 않았어요.


◎ ne ~ aucun(e) ~ 어떤 ~도 전혀 아니다.

Je ne connais aucun restaurant français. 난 어떤 프랑스 식당도 몰라.
Elle n'a aucun ami ici. 그녀는 여기에 어떤 친구도 없다.


◎ Aucun(e) ~ ne ~ 어떤 ~도 전혀 아니다.

Aucun élève n'a su répondre. 어떤 학생도 대답할 줄 몰랐다.
Aucune fille ne le regarde. 어떤 여자도 그를 쳐다보지 않는다.


◎ ne ~ ni.. ni.. ..도 ..도 ~아니다

Cyril n'est ni jeune, ni beau, ni riche. 씨릴은 젊지도, 멋지지도, 부유하지도 않다.

Tu veux du thé ou du café? 차 마실래, 커피 마실래?
- Je ne veux ni thé ni café. 차도 커피도 원치 않아.

일반적으로 부정관사나 부분관사는 ni 뒤에서는 사라진다.


◎ ne ~ que.. ~que.. 만 ~하다
(이는 부정형이 아니라 seulement.. '오직'의 뜻을 가지는 제한적 의미의 긍정형이다.)
Je ne pense qu'à toi. 난 너만 생각해.
Tu ne dors que 6 heures? 넌 6시간밖에 안자니?
Ça ne coûte que 5 euros. 5유로밖에 안해.

광고문구에서는 ne없이 que만 단독으로 사용하기도 한다.

**Que 10 euros!** 10유로밖에 안합니다!

**Que des affaires!** 좋은 물건들만 있습니다!

## 비교급과 최상급 — Le comparatif et le superlatif

### (1) 형용사/부사 비교

| plus | | | que ~보다 더 형용사/부사 하다 |
|------|---|---|---|
| aussi | 형용사/부사 | que | que ~만큼 형용사/부사 하다 |
| moins | | | que ~보다 덜 형용사/부사 하다 |

#### 1) 형용사 비교

Nicolas est plus jeune que Rémi. 니꼴라는 레미보다 더 젊다.

La chambre est aussi grande que le salon. 그 방은 거실만큼이나 크다.

La moto est plus rapide que le vélo, mais plus dangereuse.
오토바이는 자전거보다 더 빠르지만 더 위험하다.

#### 2) 부사 비교

Cédric court plus vite que toi. 쎄드릭이 너보다 더 빨리 뛴다.

Il me téléphone aussi souvent qu'avant. 그는 예전만큼 자주 내게 전화한다.

Elle parle moins vite que toi. 그 여자가 너보다 덜 빨리 말한다.

＊ que 다음의 비교대상이 인칭대명사일 경우에는 강세형(moi, toi, lui, elle, nous, vous, eux, elles)을 쓴다.

◎ 특별한 비교급

**bon의 비교급**
plus bon(ne) (×)  →  meilleur(e) (○)

Ce croissant est plus bon que celui que j'ai acheté hier. (×)
Ce croissant est meilleur que celui que j'ai acheté hier.
이 크롸상이 내가 어제산 그것보다 더 맛있다.

Ce croissant est aussi bon que celui que j'ai acheté hier.
이 크롸상은 내가 어제산 그것만큼 맛있다.

Ce croissant est moins bon que celui que j'ai acheté hier.
이 크롸상은 내가 어제산 그것보다 덜 맛있다.

Cette tarte est plus bonne que ce croissant. (×)

Cette tarte est meilleure que ce croissant. 이 타르트는 저 크롸상보다 더 맛있다.

Cette tarte est aussi bonne que ce croissant. 이 타르트는 저 크롸상만큼 맛있다.
Cette tarte est moins bonne que ce croissant. 이 타르트는 저 크롸상보다 덜 맛있다.

> **bien의 비교급**
> plus bien (×) → mieux (○)

Mon mari cuisine plus bien que moi. (×)
Mon mari cuisine mieux que moi. 나의 남편은 나보다 요리를 더 잘한다.
Mon mari cuisine aussi bien que moi. 나의 남편은 나만큼 요리를 잘한다.
Mon mari cuisine moins bien que moi. 나의 남편은 나보다 요리를 더 못한다.

##  동사 비교

| 동사 | plus | que | que ~보다 더 동사 하다 |
|---|---|---|---|
|  | **autant** |  | que ~만큼 동사 하다 |
|  | moins |  | que ~보다 덜 동사 하다 |

Il mange plus que moi. 그는 나보다 더 먹는다.
J'aime autant les jupes que les pantalons. 난 바지만큼이나 치마가 좋다.
Il travaille moins qu'avant. 그는 예전보다 덜 일한다.

##  명사 비교

| plus de | 명사 | que | que ~보다 더 명사 하다 |
|---|---|---|---|
| **autant** de |  |  | que ~만큼 명사 하다 |
| moins de |  |  | que ~보다 덜 명사 하다 |

* 비교부사 뒤에는 바로 명사가 올 수 없다. 명사를 비교할 때에는 명사 앞에 반드시 전치사 de를 사용하며, de 다음에는 무관사 명사가 온다. 셀 수 있는 명사일 경우엔 복수로, 셀 수 없는 명사일 경우엔 단수로 표기한다.

Les Italiens mangent plus de pâtes que les Espagnols.
이탈리아사람들은 스페인사람들보다 더 많은 파스타를 먹는다.

Loïc a autant de pantalons que son frère. 로익은 그의 동생만큼 바지가 많다.

Les Allemands boivent plus de bière que les Italiens.
독일 사람들은 이탈리아 사람들보다 맥주를 더 많이 마신다.

 **최상급**

### 1) 형용사의 최상급

**le/la/les + plus / moins + 형용사 + (de)**

형용사의 성, 수에 따라 정관사 le, la, les 를 붙이며, 최상급 뒤에는 보통 뒤에 "~중에서" 란 뜻의 전치사 de를 쓴다. nous, vous, eux, elles 등이 올 때에는 d'entre를 써도 된다.

Voici le restaurant le plus cher de ce quartier. 여기가 이동네에서 가장 비싼 식당입니다.
Voici le restaurant le moins cher de ce quartier. 여기가 이동네에서 가장 싼 식당입니다.
Elle est la plus bavarde d'entre nous. 그녀는 우리들 중에서 가장 말이 많다.

bon의 최상급 → le meilleur, la meilleure, les meilleurs, les meilleures
Le meilleur acteur de l'année 올해 최고의 남자배우
La meilleure actrice de l'année 올해 최고의 여자배우

### 2) 부사의 최상급

**le + plus / moins + 부사 + (de)**

Je cours le plus vite de ma classe. 내가 우리 반에서 가장 빨리 달린다.
Elle arrive toujours le plus tôt. 그녀는 항상 제일 일찍 도착한다.

bien의 최상급 → le mieux, le moins bien
C'est Roland qui chante le mieux. 노래를 가장 잘 하는 건 롤랑이다.

### 3) 동사의 최상급

> 동사 + le + plus / moins + (de)

C'est ce magazine qui se vend le plus. 가장 잘 팔리는 것은 이 잡지입니다.
Tu travailles le moins de nous mais tu gagnes le plus.
넌 우리중에서 가장 적게 일을 하는데, 가장 많이 번다.


### 4) 명사의 최상급

> le + plus de/ moins de + 명사 + (de)

Elle a le plus de robes de ses sœurs. 그녀가 자매들 중에서 가장 많은 원피스를 가지고 있다.
J'ai le moins d'argent de nous. 우리중에 내가 제일 적은 돈을 가지고 있다.

**1** 다음 두 문장을 비교급을 사용하여 만들어보세요.

**1)** Rémi fait 2 heures de sport. Son cousin fait 4 heures de sport. (sportif)

→ Rémi est _________ sportif que son cousin.

**2)** Gabriel a 25 ans. Sa sœur a 28 ans. (jeune)

→ Gabriel est _________ jeune que sa sœur.

**3)** Charles a 200,000 euros. Christian a 200,000 euros. (riche)

→

**4)** Caroline mesure 1 mètre 75. Sa mère mesure 1 mètre 72. (grand)

→

**5)** Ta valise noire coûte 350 euros. La mienne coûte 540 euros. (cher)

→

**6)** Il fait 32° à Madrid. Il fait 28° à Paris. (chaud)

→

**2** 다음 문장을 우리말에 맞추어 비교급으로 바꾸세요.

**1)** Il parle _________ doucement _________ toi.
그는 너보다 더 부드럽게 말한다.

**2)** Tu vas _________ souvent à l'étranger _________' avant.
넌 전보다 외국에 덜 자주 간다.

**3)** Mon mari part _________ tôt _________ moi et rentre _________ tard.
나의 남편은 나보다 더 일찍 나가고 더 늦게 들어온다.

**4)** Le métro est _________ pratique _________ le bus mais _________ rapide.
전철은 버스만큼 실용적이지만 더 빠르다.

**5)** Le vélo est _________ fatigant _________ la moto mais _________ polluant.
자전거는 오토바이보다 더 피곤하지만 덜 환경을 오염시킨다.

**6)** Ma Ferrari est _________ rapide _________ votre Lamborghini.

나의 페라리는 당신의 람보르기니보다 더 빠르다.

**3**  형용사 bon과 부사 bien의 비교급을 사용하여 문장을 완성하세요.

**1)** Cette année les résultats de Stéphane sont _________ _________ l'année dernière.

올해 스테판의 성적이 작년보다 더 우수하다.

**2)** Je crois qu'il va _________ en France.

나는 그가 프랑스에서 더 잘 지내고 있다라고 생각한다.

**3)** Je vois _________ avec ces lunettes.

이 안경을 쓰니 더 잘 보인다.

**4)** Mon frère travaille _________ _________ _________ moi mais ses notes sont _________ en mathématiques et _________ _________ en anglais.

나의 오빠는 나만큼 공부를 잘한다. 하지만 그의 수학성적은 (나보다) 더 우수하고 영어성적은 (나보다) 덜 우수하다.

**5)** Le café nature, c'est bon, mais avec de la crème, c'est _________.

블랙커피도 맛있지만 크림을 넣으면 더 맛있어.

**4**  다음 동사를 사용하여 비교급 문장을 만들어보세요.

**1)** gagner : Patrick (+) / Frédéric (-)

→

**2)** fumer : les hommes (+) / les femmes (-)

→

**3)** dépenser : Valérie (-) / moi (+)

→

**4)** voyager : en hiver (-) / en été (+)

→ Ils voyagent _______________________________________

**5)** aimer : les robes (=) / les pantalons (=)

→ J'aime _______________________________________


**5** 다음 문장을 우리말에 맞추어 비교급으로 만드세요.

**1)** Les Mexicains utilisent _____________________ épices que les Suédois.
멕시코사람들은 스웨덴 사람들보다 더 많은 향신료를 사용한다.

**2)** Les Anglais boivent _____________________ vin que les Français.
영국사람들은 프랑스사람들보다 와인을 덜 마신다.

**3)** En Afrique, vous pouvez voir _____________________ animaux sauvages.
아프리카에서 당신은 더 많은 야생동물들을 볼 수 있다.

**4)** Tu dois emporter _____________________ vêtements chauds.
너는 따뜻한 옷을 더 가져가야 한다.

**5)** J'ai _____________________ amis que ma sœur.
나도 나의 언니만큼 많은 친구들이 있다.

**6)** Cet hôtel a _____________________ chambres que l'autre.
이 호텔은 다른 곳보다 더 많은 방이 있다.

**7)** Magali lit _____________________ romans que Béatrice.
마갈리는 베아트리스만큼 소설책을 읽는다.

**8)** Elle a _____________________ livres que nous.
그녀는 우리 만큼의 책들을 가지고 있다.

 다음 문장을 우리말에 맞추어 최상급으로 만드세요.

**1)** Élodie est _____________________ intelligente de ses sœurs.
엘로디가 자매들 중에서 가장 똑똑하다.

**2)** Je me lève toujours _________________ tôt.
내가 항상 제일 일찍 일어난다.

**3)** Ce téléphone portable est _________________ léger et _________________
이 휴대폰이 가장 가볍고 가장 좋습니다.

**4)** L'automne est la saison ________________ agréable. C'est ________________

saison de l'année.
가을은 가장 쾌적한 계절이다. 그리고 한해 중 최고의 계절이다.

**5)** C'est moi qui gagne _________________ de mes amis.
친구들 중에서 돈을 가장 적게 버는 건 나야.

**6)** C'est à 18 heures qu'il y a _________________ monde dans le métro.
전철안에 제일 사람들이 많은 건 18시이다.

## ① 간접 목적 보어 대명사 (Les pronoms complément d'objets indirect)

프랑스어에서는 앞에서 한 번 나온 명사를 또 다시 쓰지 않고 대명사로 받는다. 간접 목적어로 쓰인 경우에는 대명사들로 명사를 대신하여 쓰면 된다.

**1)** 간접 목적 보어 대명사는 동사가 전치사 à와 함께 사람을 수반할 때, 이를 다시 받을 수 있는 대명사이며, 이 때 "à+사람"은 "~에게(서)"와 같이 간접목적어로 주로 해석된다. 간접 목적 보어 대명사의 위치는 동사 앞이다. 간접 목적 보어 대명사는 인칭과 성수에 따라 다음과 같은 것들이 있다. me, te는 모음이나 무음h로 시작되는 동사 앞에서는 m', t'로 축약된다.

| me (m') | 나에게 | nous | 우리에게 |
|---------|--------|------|----------|
| te (t') | 너에게 | vous | 당신에게, 당신들에게, 너희들에게 |
| lui | 그에게, 그녀에게 | leur | 그들에게, 그녀들에게 |

Je parle à Florence. → Je lui parle.
Tu téléphones à tes parents. → Tu leur téléphones.

**2)** leur는 명사 앞에서 쓰이면 소유 형용사이고, 동사 앞에 쓰일 경우에는 간접 목적 보어 대명사이다.

**Je visite leur pays.** 나는 그들의 나라를 방문하고 있다. → 소유 형용사

**Je leur parle de mon pays.** 나는 그들에게 내 나라에 대해서 말하고 있다. → 간접목적 보어 대명사

**3)** me, te는 다음에 나오는 동사가 모음으로 시작하면 각각 m', t'로 축약이 되며, nous, vous는 연음을 한다.

Tu m'écris?　Il t'achète?　Je vous annonce.　Il nous offre.

| me(m') 나에게 | Stéphane me téléphone et m'écrit souvent. |
|---------------|-------------------------------------------|
| te (t') 너에게 | Elle te donne son appareil photo et elle t'explique comment ça marche. 그녀는 너에게 자기 카메라를 주면서 어떻게 작동하는지 설명한다. |
| lui 그에게/그녀에게 | Je réponds au professeur. 나는 선생님에게 대답한다.<br>Je lui réponds. 나는 그에게 대답한다.<br>Il sourit tendrement à Sophie. 그는 소피에게 부드럽게 미소짓는다.<br>Il lui sourit tendrement. 그는 그녀에게 부드럽게 미소짓는다. |
| nous 우리에게 | Elle nous offre souvent des cadeaux. 그녀는 우리에게 자주 선물을 준다. |
| vous 당신에게/당신들에게/너희들에게 | Les clients vous envoient du champagne? 고객들이 당신에게 샴페인을 보내나요? |

| leur 그들에게/그녀들에게 | Tu demandes à tes parents? 넌 부모님께 물어보니?<br>Tu leur demandes? 넌 그들에게 물어보니?<br>Je pose des questions aux étudiantes. 나는 여학생들에게 질문을 한다.<br>Je leur pose des questions. 나는 그녀들에게 질문을 한다. |
| --- | --- |

### 4) 간접목적어를 취하는 주요동사들

parler à ~에게 말하다　　donner à ~에게 주다　　prêter à ~에게 빌려주다

offrir à ~에게 선물하다　　téléphoner à ~에게 전화하다　　écrire à ~에게 편지하다

répondre à ~에게 대답하다

- **ressembler à**

Tu ressembles à ton père. → Tu lui ressembles. 너는 그를 닮았다.

- **aller à**

Le rouge vous va bien. 빨간색이 잘 어울리시네요.

- **plaire à**

Ton regard me plaît. 난 네 눈빛이 마음에 들어.

### 5) 목적보어대명사는 동사가 2개 이상일 경우에는 본동사 앞에 위치하며, 복합과거 시제에서는 조동사 앞에 위치한다.

Je veux te dire quelque chose. 난 네게 무언가 할 말이 있어.

Je t'ai dit hier. 어제 내가 너에게 말했잖아.

## 2 직접 목적 보어 대명사 (Les pronoms complément d'objets direct)

**1)** 직접목적어를 수반하는 모든 타동사에 사용된다. 직접 목적 보어 대명사는 인칭과 성수에 따라 다음과 같은 것들이 있다.

| me (m') | 나를 | nous | 우리를 |
| --- | --- | --- | --- |
| te (t') | 너를 | vous | 당신을/당신들을/너희들을 |
| le (l') | 그를/그것을 | les | 그들을/그것들을 |
| la (l') | 그녀를/그것을 | | 그녀들을/그것들을 |

**2)** le, la, les는 명사 앞에서 쓰이면 정관사이고, 동사 앞에 쓰일 경우에는 직접 목적 보어 대명사
이다.

Je vois le chat. 나는 그 고양이를 본다. → 정관사

Je le vois. 나는 그를 본다. → 직접 목적 보어 대명사

**3)** me, te, le, la는 다음에 나오는 동사가 모음으로 시작하면 각각 m', t', l'로 축약이 되며, nous,
vous, les는 연음을 한다.

Tu m'invites.     Je t'aime.     Je l'ouvre.

Il nous appelle.     Je vous invite.     Vous les achetez.

**4)** le, la, les는 목적어로 사람, 사물을 다 받을 수 있다.

Je regarde cette fille. → Je la regarde. 나는 그녀를 보고 있다.

Je regarde la télévision. → Je la regarde. 나는 그것을 보고 있다.

| | |
|---|---|
| me(m') 나를 | Tu me connais bien et tu m'écoutes attentivement.<br>넌 날 잘 알고 있고, 내 말을 주의깊게 듣지. |
| te (t') 너를 | Je t'aime. 난 널 사랑해. |
| le(l') 그를/그것을 | Je ne comprends pas bien Julien. 난 줄리앙을 잘 이해하지 못하겠어.<br>Je ne le comprends pas bien. 난 그를 잘 이해하지 못하겠어.<br>J'écoute la radio tous les matins. 난 매일아침 라디오를 들어.<br>Je l'écoute tous les matins. 난 매일아침 그것을 들어. |
| la(l') 그녀를/그것을 | J'invite Marie pour mon anniversaire. 나는 내 생일에 마리를 초대한다.<br>Je l'invite pour mon anniversaire. 난 내 생일에 그녀를 초대한다.<br>Je prends souvent ma voiture. 난 내 차를 자주 탄다.<br>Je la prends souvent. 난 그것을 자주 탄다. |
| nous 우리를 | Il nous attend devant le cinéma. 그가 영화관 앞에서 우릴 기다려. |
| vous 당신을/당신을/<br>너희들을 | Votre père vous appelle. 당신아버지께서 당신을 부르시네요. |
| les 그들을/그녀들을/<br>그것들을 | Tu vois souvent Bertrand et Anaïs? 넌 베르트랑과 아나이스를 자주 보니?<br>Non, je ne les vois pas souvent. 아니, 난 그들을 자주 보진 않아. |

**5)** 간접목적어와 직접목적어를 동시에 써야할 때에는 순서에 유의하도록 하자. 간접 목적 보어 대명사 me, te, nous, vous는 직접 목적 보어 대명사 앞에 놓인다.

|  |  | 간접목적 |  | 직접목적 |  |  |
|---|---|---|---|---|---|---|
| 주어 | + | me<br>te<br>nous<br>vous | + | le<br>la<br>les | + | 동사 |

하지만 3인칭 간접목적보어대명사 lui, leur는 직접 목적 보어 대명사 뒤에 놓인다.

|  |  | 직접목적 |  | 간접목적 |  |  |
|---|---|---|---|---|---|---|
| 주어 | + | le<br>la<br>les | + | lui<br>leur | + | 동사 |

Vous m'offrez ces fleurs? → Vous me les offrez?
Vous lui offrez ces fleurs? → Vous les lui offrez?

**1** 다음 문장을 간접목적보어대명사를 사용하여 바꿔보세요.

**1)** J'offre des cadeaux à ma fiancée.

- Je _________ offre des cadeaux.

**2)** Je réponds parfois en anglais au professeur.

- Je _________ réponds parfois en anglais.

**3)** Tu achètes des jouets aux enfants.

- Tu _________ achètes des jouets.

**4)** Il indique le chemin à des touristes.

- Il _________ indique le chemin.

**2** 간접목적보어대명사를 사용하여 다음 질문에 답하세요.

**1)** Tu m'expliques?

- Oui, je _________ explique tout.

**2)** Vous écrivez à votre mère?

- Oui, je _________ écris pour son anniversaire.

**3)** Ils vous obéissent?

- Oui, ils _________ obéissent immédiatement.

**4)** Il prépare des crêpes à ses enfants?

- Oui, il _________ prépare des crêpes.

**5)** Vous laissez un message à Cédric?

- Non, je ne _________ laisse pas.

**6)** Elle vous téléphone souvent?

- Non, elle ne _________ téléphone pas souvent.

**7)** Tu dis la vérité à tes amis?

- Non, je ne __________ dis pas la vérité.

**8)** Tiens, c'est un cadeau pour toi. Ça te plaît?

Oh, merci! Ça __________ plaît beaucoup.


**3** 다음 두 개의 제안 중 질문에 맞는 올바른 답에 밑줄 치세요.(두 개 모두 답이 될 수도 있습니다.)

**1)** Tu les connais bien? (tes voisins / ton professeur)

**2)** Je ne l'aime pas du tout. (Gérard Depardieu / Vanessa Paradis)

**3)** Ils la regardent souvent. (les photos / la télévision)

**4)** Tu la ranges où? (ton pantalon / ta jupe)


**4** 직접목적보어대명사를 사용하여 다음 질문에 답하세요.

**1)** Tu m'aimes vraiment?

- Pourquoi cette question? Mais oui, je __________ aime et pour la vie!!

**2)** Vous nous invitez bientôt?

- D'accord, je __________ invite le week-end prochain, si vous êtes libres.

**3)** Tu m'appelles ce soir?

- Oui, pas de problème, je __________ appelle après le dîner.

**4)** Il prend souvent sa voiture?

- Non, il ne __________ prend pas souvent.

**5)** Elles regardent les photos?

- Non, elles ne __________ regardent jamais.

**6)** Elle promène son chien?

- Oui, elle __________ promène deux fois par jour.

**7)** Cette armoire, je __________ mets où?

- Tu __________ mets à droite.

**8)** Tu as l'adresse de Sylvie?

- Non, je ne __________ ai pas.

**5** 목적보어대명사를 사용하여 다음 질문에 답하세요.

**1)** Il te prête son manteau?

- Non, il ne __________ __________ prête jamais.

**2)** Vous me vendez votre voiture?

- Oui, je __________ __________ vends pour presque rien.

**3)** Tu offres ce cadeau à ta copine?

- Oui, je __________ __________ offre.

**4)** Vous montrez les photos d'Egypte à vos filles?

- Bien sûr, je __________ __________ montre ce week-end.

### ① 중성대명사 **en**

**1)** du, de la, des와 같은 부분관사나 부정관사로 이루어진 명사를 대신한다.

Est-ce qu'il mange du fromage? 그는 치즈를 먹니?
- Oui, il en mange à tous les repas. 응, 그는 매 식사때마다 그것을 먹어.
- Non, il n'en mange jamais. 아니, 그는 그것을 전혀 먹지 않아.

Est-ce que vous faites du sport? 운동을 하시나요?
- Oui, j'en fais tous les matins. 네, 매일 아침마다 합니다.
- Non, je n'en fais pas. 아니오, 하지 않습니다.

Est-ce que vous offrez des fleurs à St.Valentin? 당신은 발렌타인데이에 꽃을 선물하나요?
- Oui, j'en offre. 네, 그것을 선물합니다.
- Non, je n'en offre pas. 아니오, 그것을 선물하지 않아요.

**2)** 다음과 같이 수량을 말할 때에도 사용할 수 있다.

- un(e), deux, dix...
- plusieurs, une dizaine, beaucoup...
- un kilo, un paquet, une bouteille, une boîte...

Il a une voiture? 그는 차가 있니?
- Oui, il en a une. 응, 그는 한대를 가지고 있어.
- Non, il n'en a pas. (아니, 없어.

**3)** 긍정문에서는 un, une을 반복하지만, 부정문에서는 그렇지 않다.

Avez-vous trouvé une maison à louer? 셋집 구했어요?
- Oui, nous en avons trouvé une. 네, 하나 구했어요.
- Non, nous n'en avons pas encore trouvé. 아니오, 아직 못 구했어요.

Vous connaissez des chanteurs français? 당신은 프랑스 가수들을 아시나요?
- Oui, j'en connais quelques-uns. 네, 몇몇을 알고 있습니다.
- Non, je n'en connais aucun. 아니오, 아무도 모릅니다.

✻ 이처럼 quelques와 같은 형용사는 대명사 en과 함께 쓰일 때에는 그 뒤에 –uns 혹은 -unes을 붙이고, 부정문으로 바뀔 때에는 aucun(e)으로 바뀐다.

**4)** 동사나 형용사, 명사가 이끄는 "전치사 de+사물명사"를 대신한다.

◎ **동사** : parler de, se souvenir de, rêver de, venir de, sortir de, avoir besoin/envie/
peur de...

Il parle de son travail ? 그는 자신의 일에 대해 말합니까?

- Oui, il en parle. 네, 그는 말합니다.

- Non, il n'en parle jamais. 아니오, 절대 말하지 않습니다.

Tu te souviens de l'élection présidentielle de 1981? 1981년도의 대선을 기억하니?

- Oui, je m'en souviens très bien. 응, 잘 기억하지.

- Non, je ne m'en souviens pas. 아니, 기억 안나.

◎ **형용사** : être content(e)/satisfait(e)/heureux(se)/surpris(e)... de

Ils ont acheté un nouvel appartement et ils en sont très contents.
그들은 새 아파트를 샀다. 그리고 그것에 매우 만족하고 있다.

Vous êtes satisfaite de vos résultats? 결과에 만족하십니까?

-Oui, j'en suis satisfaite. 네, 거기에 만족합니다.

-Non, je n'en suis pas du tout satisfaite. 아니오, 전혀 만족하지 않습니다.

◎ **명사**

Ce livre est ennuyeux, j'ai lu la moitié de ce livre.

- Ce livre est ennuyeux, j'en ai lu la moitié. (en=de ce livre)

**5)** 하지만, en은 "de+사람명사"는 대신할 수 없다. 이때는 사람명사를 강세형 인칭대명사로 대신한다.

Il parle de ses enfants. 그는 자신의 아이들에 대해 이야기한다.

- Il parle d'eux. 그는 그들에 대해 이야기한다.

Elle se souvient de Luc. 그녀는 뤽을 기억한다.

- Elle se souvient de lui. 그녀는 그를 기억한다.

**6)** 이 대명사는 전치사 de가 앞에 있는 어군이나, 전치사 de를 가지는 동사 또는 형용사의 보어절을
대신하기도 한다.

Mon mari veut visiter Istanbul, moi aussi j'en ai très envie. (en=de visiter
Istanbul) 남편은 이스탄불을 구경하고 싶어한다. 나 역시 몹시 그러고 싶다.

**2** **중성대명사 y**

**1)** à, dans, chez, sur, sous 등의 장소전치사가 유도하는 장소의 상황보어를 대신한다.

Depuis quand es-tu à Versailles? 너 언제부터 베르사이유에 있는거니?
- J'y suis depuis deux semaines. 2주전부터 거기에 있어.

J'ai mis les livres sur la table, mais ils n'y sont plus.
탁자 위에 책들을 놓아두었는데, 이제 보니 거기에 없어.

**2)** 동사가 이끄는 "전치사 à+사물명사"를 대신한다. penser à, répondre à, s'intéresser à, participer à 등이 있다.

Tu penses déjà aux vacances? 넌 벌써 휴가를 생각하고 있니?
- Oui, j'y pense.
- Non, je n'y pense pas.

**3)** 하지만, y는 "à+사람명사"는 대신할 수 없다. 이때는 사람명사를 강세형 인칭대명사로 대신한다.

Vous pensez à vos parents? 당신은 부모님을 생각하세요?
- Oui, je pense souvent à eux. 네, 전 자주 그들을 생각합니다.

Tu t'intéresses à Laure? 넌 로르에게 관심이 있니?
- Oui, je m'intéresse à elle. 응, 난 그녀에게 관심이 있어.

보어대명사 어순은 다음과 같다.

| 주어 | + | me | le | lui | y | en | + | 동사 |
|---|---|---|---|---|---|---|---|---|
| | | te | la | leur | | | | |
| | | nous | les | | | | | |
| | | vous | | | | | | |

◎ il y a 구문에서도 en은 y뒤에 위치한다.
Est-ce qu'il y a encore du gâteau?
- Oui, il y en a.
- Non, il n'y en a plus.

**1** 다음 질문에 대명사 en을 사용하여 답하세요.

**1)** Combien d'enfants ont les Fontaine? (deux) 퐁텐씨댁은 아이가 몇이죠?

\- Ils ___________________________________

**2)** Moi, j'ai une voiture. Et vous, en avez-vous une? 전 차가 있는데 당신은 있으세요?

\- Non, ___________________________________

**3)** Est-ce qu'elle a deux chiens? (quatre) 그녀는 두 마리의 개를 가지고 있니?

\- Non, ___________________________________

**4)** Je voudrais des assiettes, s'il vous plaît. 접시 주세요.

Vous en voulez combien? (dix) 얼마나 원하세요?

\- ___________________________________

**5)** Tu as acheté des pommes? (un kilo)

\- Oui, ___________________________________

**6)** As-tu besoin de ce manteau? 너 이 코트가 필요하니?

\- Non, ___________________________________

**7)** Voulez-vous du pain? 빵 좀 드실래요?

\- Oui, ___________________________________

**8)** Combien de frères as-tu? (trois) 넌 형제가 몇 명이나 있어?

\- ___________________________________

**2** 다음 질문에 대명사 y를 사용하여 답하세요.

**1)** Quand est-ce que tu vas chez le coiffeur? (ce samedi) 넌 미용실에 언제 갈꺼야?

\- ___________________________________

**2)** Depuis quand travailles-tu dans cette entreprise? (6 mois) 언제부터 이 회사에서 일했니?

\- ___________________________________

**3)** Vous avez réfléchi à ce problème? 그 문제에 대해 생각해보셨나요?

- Non, _______________________________________

**4)** Tu penses souvent à ton avenir? 넌 너의 장래를 자주 생각하니?

- Oui, _______________________________________

**5)** Tu réponds à son mail? 넌 그녀의 메일에 답장을 할꺼니?

- Non, _______________________________________

**6)** Il est dans son bureau?

- Oui, _______________________________________

**7)** Vous pensez à cette mauvaise nouvelle?

- Non, _______________________________________

**8)** Vas-tu chez lui? (demain)

- Oui, _______________________________________


**3** 대명사를 사용하여 다음 질문에 긍정문으로 답하세요.

**1)** Tu m'apportes du vin?

- D'accord, _______________________________________

**2)** Elle donne des vitamines à ses enfants?

- Oui, _______________________________________

**3)** Vous m'envoyez les dossiers par fax?

- Non, _______________________________ par la poste.

**4)** Il te rend ton livre?

- Oui, _______________________________ demain.

**5)** Vos grands-parents vous achètent des bonbons?

- Oui, _______________________________ beaucoup.

**4** 대명사를 사용하여 다음 질문에 부정문으로 답하세요.

**1)** Elle se sert de l'ordinateur du bureau?

- Non, _______________________________________

**2)** Fred emprunte régulièrement de l'argent à sa sœur? (ne...plus)

- Non, _______________________________________

**3)** Vous emmenez souvent vos enfants au parc Disneyland?

- Non, _______________________________________

**4)** Tu t'intéresses à la musique classique?

- Non, _______________________________________

**5)** Elles vont en France cet été?

- Non, _____________________________ Elles vont au Japon.

## ① 명령법

**1)** 명령법은 tu, nous, vous에서만 사용할 수 있으며, 각각 "~해라, ~합시다, ~하세요"로 해석한다. 그리고 이 세 가지 형태는 직설법 현재형에서 주어를 생략하면 된다. 하지만 tu에 대한 명령에서는 1군 동사의 -es에서 끝자음 –s는 생략한다. 또한 aller 동사와 ouvrir, offrir와 같이 1군처럼 변하는 동사도 tu에 대한 명령문에서 끝자음 –s를 탈락시킨다. nous에 대한 명령형은 청유형으로 "~하자, ~합시다"란 뜻을 갖는다.

| **regarder** 보다 | | |
| --- | --- | --- |
| Tu regardes. | → | Regarde! |
| Nous regardons. | → | Regardons! |
| Vous regardez. | → | Regardez! |

| **aller** 가다 | | |
| --- | --- | --- |
| Tu vas à la mer. | → | Va à la mer! |
| Nous allons à la mer. | → | Allons à la mer! |
| Vous allez à la mer. | → | Allez à la mer! |

| **ouvrir** 열다 | | |
| --- | --- | --- |
| Tu ouvres la fenêtre. | → | Ouvre la fenêtre! |
| Nous ouvrons la fenêtre. | → | Ouvrons la fenêtre! |
| Vous ouvrez la fenêtre. | → | Ouvrez la fenêtre! |

◎ 2군, 3군 동사는 끝자음을 생략하지 않고 동사변화 그대로 쓰면 된다.

| **choisir** 선택하다 | | |
| --- | --- | --- |
| Tu choisis. | → | Choisis! |
| Nous choisissons. | → | Choisissons! |
| Vous choisissez. | → | Choisissez! |

| **lire** 읽다 | | |
| --- | --- | --- |
| Tu lis. | → | Lis! |
| Nous lisons. | → | Lisons! |
| Vous lisez. | → | Llisez! |

**2)** 하지만 동사 뒤에 en이나 y와 같은 모음으로 시작하는 대명사가 놓일 때에는 tu에 대한 명령문에서도 끝자음 -s를 탈락시키지 않는다.

Donne-en! (×) → Donne**s**-en! (○)

Pense-y! (×) → Pense**s**-y! (○)

**3)** 긍정명령문에서 직/간접목적보어대명사는 동사 뒤에 위치하며, 동사와 대명사 사이에 연결부호 (−)를 반드시 붙여야 한다. 그리고 대명사 me, te는 moi, toi로 바뀐다.

Fais la vaisselle! 설거지해! → Fais-la!

Regarde ces photos! 이 사진들좀 봐! → Regarde-les!

Prête-me ta voiture! (×) → Prête-**moi** ta voiture! 나에게 네 차 좀 빌려줘! (○)

Invitez-me! (×) → Invitez-**moi**! 저를 초대해줘요! (○)

또한 대명사의 위치는 직접목적보어대명사가 간접목적보어대명사 앞에 위치한다. 하지만 en, y 는 항상 뒤에 놓인다.

Tu me la prêtes. → Prête-la-moi! 내게 그것을 빌려줘!

Vous nous en passez. → Passez-nous-en! 우리에게 그것을 건네주세요!

◎ 부정명령문에서 직/간접목적보어대명사는 동사 앞에 위치한다.

Tu ne la lui prêtes pas. → Ne la lui prête pas! 그에게/그녀에게 그것을 빌려주지 마!

## ❷ 명령법의 특수한 형태

être, avoir, savoir, vouloir는 다음과 같은 형태를 취한다.

| être | avoir | savoir | vouloir |
|---|---|---|---|
| Sois | Aie | Sache | Veuille |
| Soyons | Ayons | Sachons | Veuillons |
| Soyez | Ayez | Sachez | Veuillez |

Soyons prudents! 신중합시다!

Ayez du courage! 용기를 가지세요!

Sache accepter! 받아들일 줄 알아라!

Veuillez entrer, s'il vous plaît! 들어오십시오!

**Veuillez patienter, s'il vous plaît!** 기다리십시오!

◎ vouloir의 2인칭 복수 형태의 Veuillez는 무언가를 정중하게 요구하거나 부탁할 때 사용한다.

## ③ 대명동사의 명령형

대명동사의 명령형에서 te는 toi로 바뀌는 것에 주의하세요.

| **se reposer** 쉬다 | | |
|---|---|---|
| Tu te reposes. | → | Repose-toi! |
| Nous nous reposons. | → | Reposons-nous! |
| Vous vous reposez. | → | Reposez-vous! |

| **se reposer** 쉬다 | | |
|---|---|---|
| Tu ne te reposes pas. | → | Ne te repose pas! |
| Nous ne nous reposons pas. | → | Ne nous reposons pas! |
| Vous ne vous reposez pas. | → | Ne vous reposez pas! |

**1** 다음 부정명령문을 긍정명령문으로 바꿔 쓰세요.

**1)** Ne me regardez pas. →

**2)** Ne t'appuie pas sur la table. →

**3)** Ne m'envoie pas de cartes postales. →

**4)** Ne t'achète pas de nouvelle robe. →

**5)** Ne les écoutons pas. →

**6)** Ne lui parle pas. →

**7)** Ne t'habille pas. →

**8)** Ne vous approchez pas. →

**9)** Ne la tirez pas. →

**10)** Ne t'assieds pas. →

**2** 다음의 밑줄 친 목적어를 직/간접목적보어대명사를 사용하여 명령문으로 바꾸세요.

**ex. Vous mettez ce pull. → Mettez-le!**

**1)** Vous prenez le métro. →

**2)** Tu lis le magazine. →

**3)** Vous faites la vaisselle. →

**4)** Tu regardes la télévision. →

**5)** Nous donnons aux enfants. →

**6)** Vous m'offrez. →

**7)** Tu attends les invités. →

**8)** Tu invites <u>ces filles</u>. →



**3** 위 2번 문장들을 다시 부정명령형으로 바꾸세요.

> **ex.** **Vous ne mettez pas ce pull. → Ne le mettez pas!**

**1)** Vous prenez <u>le métro</u>. →

**2)** Tu lis <u>le magazine</u>. →

**3)** Vous faites <u>la vaisselle</u>. →

**4)** Tu regardes <u>la télévision</u>. →

**5)** Nous donnons <u>aux enfants</u>. →

**6)** Vous <u>m</u>'offrez. →

**7)** Tu attends <u>les invités</u>. →

**8)** Tu invites <u>ces filles</u>. →

**4** 다음 대명동사를 명령법으로 바꾸세요.

**1)** Vous vous asseyez. →

**2)** Tu ne te lèves pas. →

**3)** Nous nous promenons. →

**4)** Tu te concentres. →

**5)** Vous ne vous découragez pas. →

**6)** Nous nous dépêchons. →

**7)** Vous vous lavez. →

관계대명사는 두 절을 연결하며, 선행사라 부르는 명사 또는 대명사를 대신한다. 그리고 관계대명사가 유도하는 절을 관계종속절이라 하는데 이는 선행사 다음에 온다.

 **qui**

관계대명사의 형태는 그 기능에 따라서 변화하는데, 주격 관계대명사 qui는 주어를 대신해서 받는다. qui 다음에는 동사가 온다. 프랑스어에서는 선행사의 사람과 사물 구별없이 주격으로 쓰이면 항상 qui이다.

Je prends le train. 나는 기차를 탄다.
Ce train part à 16 heures. 그 기차는 16시에 출발한다.
→ Je prends le train **qui** part à 16 heures. 나는 16시에 출발하는 기차를 탄다.

Apporte-moi l'ordinateur. 내게 컴퓨터를 가져다 줘.
Il est sur mon bureau. 그것은 내 책상 위에 있어.
→ Apporte-moi l'ordinateur **qui** est sur mon bureau. 내 책상 위에 있는 컴퓨터를 내게 가져다 줘.

 **que (모음이나 무음 h앞에서는 qu')**

관계대명사 que는 목적어를 대신하여 받는다. que 다음에는 주어, 동사(타동사)가 온다. 프랑스어에서는 선행사의 사람과 사물 구별없이 목적격으로 쓰이면 항상 que이다.

Je n'aime pas la chemise. 난 그 셔츠를 좋아하지 않는다.
Il porte la chemise. 그는 셔츠를 입고 있다.
→ Je n'aime pas la chemise **qu'il** porte. 난 그가 입은 셔츠를 좋아하지 않는다.

Elle adore le pull blanc.
J'ai le pull blanc.
→ Elle adore le pull blanc **que** j'ai. 그녀는 내가 가지고 있는 하얀 스웨터를 매우 좋아한다.

Prenez ce parfum.
J'aime bien ce parfum.
→ Prenez ce parfum **que** j'aime bien. 내가 좋아하는 이 향수를 가져 가세요.

### 3 dont

관계대명사 dont은 선행사가 관계절에 전치사 **de**가 유도하는 보어를 대신한다.

**1) 동사의 보어**

C'est le livre.

Je t'ai parlé de ce livre hier.

→ C'est le livre **dont** je t'ai parlé hier.

Le photographe achète le nouvel appareil photo. 그 사진작가는 새 카메라를 산다.

Il a besoin d'un nouvel appareil photo. 그는 새 카메라가 필요하다.

→ Le photographe achète le nouvel appareil photo **dont** il a besoin.
그 사진작가는 필요한 새 카메라를 산다.

**2) 형용사의 보어**

J'ai trouvé un studio. 난 원룸 하나를 구했다.

Je suis très contente de ce studio. 난 그 원룸에 매우 만족한다.

→ J'ai trouvé un studio **dont** je suis très contente. 난 매우 만족스런 원룸 하나를 구했다.

Elle a une fille. 그녀는 딸이 하나 있다.

Elle est très fière de sa fille. 그녀는 자기 딸을 매우 자랑스럽게 여긴다.

→ Elle a une fille **dont** elle est très fière. 그녀는 매우 자랑스럽게 여기는 딸이 하나 있다.

**3) 명사의 보어**

Tu dois lire ce roman. 너는 이 소설을 읽어야 해.

L'auteur de ce roman a reçu le prix Nobel. 이 소설의 작가는 노벨상을 탔다.

→ Tu dois lire ce roman **dont** l'auteur a reçu le prix Nobel.
넌 노벨상을 받은 작가의 이 소설을 읽어야 해.

Voici ma copine. 나의 여자친구야.

Le père de ma copine est avocat. 내 여자친구의 아버지는 변호사야.

→ C'est ma copine **dont** le père est avocat. 여기에 아버지가 변호사인 내 여자 친구가 있다.

 **où**

관계대명사 où는 장소와 시간을 대신하여 받는다.

### 1) 선행사가 장소인 경우

La Champagne et la Bourgogne sont des régions. 샹빠뉴와 부르고뉴는 지방이다.

On produit de très bons vins dans ces régions. 우리는 이 지역에서 뛰어난 포도주를 생산한다.

→ La Champagne et la Bourgogne sont des régions **où** on produit de très bons vins. 샹빠뉴와 부르고뉴는 품질이 뛰어난 포도주가 생산되는 지역들이다.


Son appartement a une terrasse. 그의 아파트에는 테라스가 있다.

Il a installé une table de ping-pong sur la terresse. 그는 테라스에 탁구대를 설치했다.

→ Son appartement a une terrasse **où** il a installé une table de ping-pong.
그의 아파트에는 테라스가 있는데 거기에 그들은 탁구대를 설치했다.


### 2) 선행사가 시간인 경우

Tu te souviens du jour? 넌 그 날을 기억하니?

Ils se sont mariés ce jour-là. 그들은 그날 결혼했다.

→ Tu te souviens du jour **où** ils se sont mariés? 너는 그들이 결혼한 날을 기억하니?


Le lundi est un jour. 월요일은 날이다.

Beaucoup de magasins sont fermés le lundi. 월요일엔 많은 상점들이 문을 닫는다.

→ Le lundi est un jour **où** beaucoup de magasins sont fermés.
월요일은 많은 상점들이 문을 닫는 날이다.

**1** 다음 문장들을 문법에 맞게 관계대명사 qui나 que로 연결하여 다시 쓰세요.

**1)** J'aide une femme ; je ne connais pas cette femme.

→

**2)** Vous portez une cravate ; cette cravate est très jolie.

→

**3)** La femme a les yeux bleus ; elle parle bien français.

→

**4)** Ils vous ont parlé de l'institut, vous le visiterez.

→

**5)** Je vois une femme ; elle vit dans mon quartier.

→

**6)** Prenez cette rue ; elle est à votre droite.

→

**2** 관계대명사를 사용해서 다음 빈칸을 채우세요.

**1)** Je ne connais pas la dame __________ est venue te voir hier.

**2)** Voilà le cadeau __________ tu seras très contente.

**3)** Il va acheter cet appartement __________ Victor Hugo a écrit "Les Misérables".

**4)** L'Australie est un pays __________ j'aimerais beaucoup visiter.

**5)** Nous avons des enfants __________ vivent à l'étranger.

**6)** Paris est une ville __________ me plaît beaucoup.

**7)** J'ai invité des amis dans le restaurant __________ tu m'avais donné l'adresse.

**8)** Je suis arrivée à Paris un jour __________ il faisait un temps splendide.

**9)** J'ai vu un film __________ tu dois absolument voir.

**3** 다음 문장들을 문법에 맞게 관계대명사 dont이나 où로 연결하여 다시 쓰세요.

**1)** Je connais la ville, vous avez passé vos vacances dans cette ville.

→

**2)** Vous irez à l'université, j'ai fait mes études à cette université.

→

**3)** Voici une actrice. Il me parle toujours de cette actrice.

→

**4)** Quels sont les outils? Ces ouvriers se servent des outils.

→

**5)** Je préfère ce fauteuil, vous y lisez votre journal.

→

**6)** C'est l'université. M.Thomasson est le directeur de cette université.

→

**7)** J'aime cet appartement, j'y habite depuis deux ans.

→

| **venir의 직설법 현재 + de + 동사원형** |
| --- |

**①** 방금 전에 일어난 사실, 가까운 과거 사실을 나타내며, 구어체에서 빈번히 쓰인다. 그리고 "(방금)~했다"로 해석한다.

| **rentrer** 집에 돌아오다 | |
| --- | --- |
| je viens de rentrer | nous venons de rentrer |
| tu viens de rentrer | vous venez de rentrer |
| il vient de rentrer<br>elle | ils viennent de rentrer<br>elles |

**②** 대명동사의 se는 주어에 따라 변화시켜야 한다.

| **se lever** 일어나다 | |
| --- | --- |
| je viens de me lever | nous venons de nous lever |
| tu viens de te lever | vous venez de vous lever |
| il vient de se lever<br>elle | ils viennent de se lever<br>elles |

방금 전에 끝난 사실을 표현하기 위해 사용한다. de 뒤에 모음으로 시작하는 동사가 오면 de는 d'로 축약한다. 그리고 대명사는 본동사 앞에 위치한다.

Je viens d'y arriver. 난 방금 그곳에 도착했다.

Ton père vient de te téléphoner. 너의 아버지가 방금 너에게 전화하셨어.

Ils viennent de le lire. 그들은 막 그것을 읽었다.

> **avoir**의 직설법 현재 + 과거분사(participe passé)
> **être**의 직설법 현재 + 과거분사(participe passé)

복합과거 시제를 만드는 법은 위와 같이 두 가지 형태가 있다. 타동사와 대부분의 자동사는 avoir의 직설법 현재형에 동사의 과거분사를 쓰고, 소위 왕래발착을 나타내는 일부 자동사들과 대명동사들은 être의 직설법 현재형에 해당동사의 과거분사를 써서 만들 수 있다.

**복합과거 Ⅰ : avoir 직설법 현재 + 과거분사 (타동사, 대부분의 자동사)**

**①** 복합과거는 '~했다'란 뜻으로 구어체에서 많이 쓰이며 주로 과거의 정확한 시점에 한 행위나 사건 및 완료를 나타낸다. 타동사와 대부분의 자동사가 이에 해당된다.

| manger 먹다 | |
|---|---|
| j'ai mangé tôt. | nous avons mangé au restaurant japonais. |
| tu as mangé avec des amis. | vous avez mangé chez vous hier soir? |
| il a mangé à midi et demi.<br>elle | ils ont mangé dehors.<br>elles |

부정문은 조동사 avoir 앞, 뒤에 ne~pas를 놓는다.

| manger 먹다 | |
|---|---|
| je n'ai pas mangé | nous n'avons pas mangé |
| tu n'as pas mangé | vous n'avez pas mangé |
| il n'a pas mangé<br>elle n'a pas mangé | ils n'ont pas mangé<br>elles n'ont pas mangé |

**②** 과거분사 만드는 규칙

**1)** -er로 끝나는 1군 동사의 과거분사는 동사원형의 마지막 –r를 빼고 e에 악썽떼귀를 붙인다.

manger → mangé

**2)** -ir로 끝나는 2군 동사의 과거분사는 동사원형의 마지막 –r만 빼면 된다.

finir → fini

**3)** 3군 동사의 과거분사는 불규칙하게 변하므로 암기해야 한다.

avoir → eu [y]   être → été

dormir → dormi   servir → servi

voir → vu   croire → cru

attendre → attendu   entendre → entendu   répondre → répondu

vendre → vendu

lire → lu   vouloir → voulu   pouvoir → pu   boire → bu

savoir → su

connaître → connu   disparaître → disparu   devoir → dû

mettre → mis   prendre → pris

écrire → écrit   faire → fait   dire → dit

ouvrir → ouvert   offrir → offert

peindre → peint   éteindre → éteint

courir → couru   vivre → vécu   recevoir → reçu   plaire → plu

pleuvoir → plu

ex. J'ai été à Paris en 2007. 2007년도에 나는 빠리에 갔었다.

Tu as eu un accident de voiture hier? 너 어제 자동차 사고가 났었니?

Ce matin, il a fait la cuisine. 오늘 아침에 그가 요리를 했다.

Elle a bien répondu aux questions du professeur. 그녀는 선생님의 질문들에 대답을 잘 했다.

Hier soir, nous avons vu un film passionnant. 어제 저녁에 우리는 아주 재미있는 영화를 봤다.

Avant de sortir, vous avez ouvert le volet? 외출하기 전에, 당신이 덧문을 열었나요?

Ils ont couru pour arriver à l'heure. 그들은 제 시간에 도착하기 위해 뛰었다.

Elles ont vécu à Nice pendant 3 ans. 그녀들은 니스에서 3년간 살았다.

## ❸ 과거분사의 일치

**1)** avoir를 조동사로 취하는 동사의 복합과거시제의 문장에서 직접 목적 보어나 <u>직접 목적 보어 대명사가 과거분사보다 앞으로 나올 경우</u>에는 그 과거분사를 그 직접목적어의 성과 수에 반드시 일치

시켜야 한다. 간접목적보어가 앞에 있을 경우에는 절대로 일치시키지 않는다.

**Je l'ai vu(e) hier soir à Cannes.** 나는 어제 저녁에 그(그녀)를 봤다. → 직접 목적 보어 대명사
**Je ne leur ai pas dit la vérité.** 나는 그들에게 진실을 말하지 않았다. → 간접 목적 보어 대명사

**2)** 목적격 관계대명사 que 이하의 관계절이 복합시제일 경우에는 앞으로 나간 선행사의 성과 수에 과거분사를 일치시켜 줘야 한다.

**La chambre donne sur la mer. J'ai réservé cette chambre.**
→ **La chambre que j'ai réservée donne sur la mer.** 내가 예약한 방은 바다를 향해 있다.

**3)** 의문형용사, 감탄 형용사 Quel, Quelle, Quels, Quelles과 명사가 함께 쓰여 직접목적어로 해서 앞으로 나갈 경우에도 과거분사는 그 목적어의 성과 수에 일치시킨다.

**Quels livres avez-vous emportés?** 당신은 어떤 책들을 가져왔습니까?
**Quelle chance vous avez eue!** 당신은 굉장한 행운을 가졌었군요!

**1** 다음 문장들을 근접과거로 다시 쓰세요.

**1)** Elle entre dans sa chambre.

→

**2)** Nous sortons de l'école.

→

**3)** Mes enfants vont en France.

→

**4)** Elles descendent.

→

**5)** Les filles prennent le train.

→

**2** 다음 문장들을 복합과거로 만드세요.

**1)** Qui _______________ ces tomates? (manger)

**2)** Hier, vous _______________ votre travail à quelle heure? (finir)

**3)** J'_______________ un bouquet de fleurs à mon copain pour féliciter son anniversaire. (offrir)

**4)** Elle _______________ cet appartement. (choisir)

**5)** Il _______________ ses voisins et il les _______________ (écouter, regarder)

**6)** Il _______________ une cigarette et il la _______________ (allumer, fumer)

**7)** Nous _______________________ de vin. (ne pas boire)

**8)** Elle _______________ la porte et son mari la _______________ (ouvrir, fermer)

**9)** Elle _______________ le couvert et son mari _______________ une douche. (mettre, prendre)

**10)** J'_______________ la vérité. (dire)

**11)** Elle _________________________________. (ne pas bien dormir)

**12)** Vous _______________ faire les courses? (vouloir)

**13)** Vous _______________ du magasin? (faire)

**14)** Je le _______________ une fois en France. (voir)

**15)** J' _______________ un e-mail de mon père. (recevoir)

**복합과거 Ⅱ : être 직설법 현재 + 과거분사 (주로 장소의 이동을 나타내는 자동사, 대명동사)**

**①** être를 조동사로 하는 동사들은 왕래발착이나 장소 이동의 뜻을 갖는 자동사들, 그리고 대명동사이다. 이 경우에는 과거분사를 주어의 성과 수에 반드시 일치 시켜야 한다. 주어가 여성인 경우엔 과거분사에 –e를 덧붙이고, 주어가 남성복수일 땐 –s, 여성복수일 땐 –es를 덧붙인다.

왕래발착, 장소 이동의 뜻을 갖는 동사는 다음과 같다.

aller (allé) 가다 / venir (venu) 오다

partir (parti) 떠나다 / arriver (arrivé) 도착하다

sortir (sorti) 나가다, 외출하다 / (r)entrer ((r)entré) 들어오다

monter (monté) 올라가다 / descendre (descendu) 내려가다

naître (né) 태어나다 / mourir (mort) 죽다

passer (passé) 지나가다

rester (resté) 머물다

tomber (tombé) 넘어지다, 떨어지다

retourner (retourné) 돌아가다 등

| **aller** 가다 등 | |
|---|---|
| je suis allé(e) à la mer. | nous sommes monté(e)s au cinquième étage. |
| tu es rentré(e) tard. | vous êtes descendu(e)(s) au sous-sol. |
| il est arrivé à quatorze heures.<br>elle est arrivée | ils sont sortis de l'école.<br>elles sont sorties |

◎ 부정형은 조동사 être 앞,뒤에 ne~pas를 놓는다.

| **aller** 가다 | |
|---|---|
| je ne suis pas allé(e) | nous ne sommes pas allé(e)s |
| tu n'es pas allé(e) | vous n'êtes pas allé(e)(s) |
| il n'est pas allé<br>elle n'est pas allée | ils ne sont pas allés<br>elles ne sont pas allées |

Je suis allé(e) à Paris en avion. 나는 비행기를 타고 빠리로 갔다.

Tu es sorti(e) de l'immeuble? 너 그 건물에서 나왔니?

Il est parti à 10 heures. 그는 10시에 떠났다.

Elle est venue de France. 그녀는 프랑스에서 왔다.

Nous sommes entré(e)s dans le restaurant. 우리들은 그 식당 안으로 들어갔다.

Vous êtes monté(e) au neuvième étage? 당신은 9층으로 올라갔나요?

Ils sont restés combien de temps en Italie? 그들은 이탈리아에서 얼마나 머물렀나요?

Les pommes sont tombées. 사과들이 떨어졌다.

 **être ou avoir?**

왕래발착이나 장소 이동의 뜻을 갖는 동사가 동시에 타동사의 의미를 갖기도 한다. 이때에는 조동사로 avoir를 취한다. 자동사와 타동사의 구별은 동사 뒤에 전치사의 유무로 판단한다. 즉, 동사 뒤에 명사가 오면 타동사이고, 전치사나 명사가 없으면 자동사이다. 타동사 문장을 번역할 시에는 항상 '~을(~를)'라고 번역이 된다.

| être | avoir |
|---|---|
| Il est sorti dans la rue. | Il a sorti la poubelle. |
| Elle est rentrée tard. | Elle a rentré sa voiture. |
| Nous sommes passés devant la poste. | Nous avons passé une bonne journée. |
| Je suis monté à pied. | J'ai monté mes bagages. |
| Elle est descendue du train. | Elle a descendu les étages. |
| Ils sont retournés en Allemagne. | Ils ont retourné la crêpe. |

 대명동사도 être를 조동사로 취하므로, 주어의 성,수에 과거분사를 일치시킨다.

| s'endormir 잠들다 | |
|---|---|
| je me suis endormi(e) | nous nous sommes endormi(e)s |
| tu t'es endormi(e) | vous vous êtes endormi(e)(s) |
| il s'est endormi<br>elle s'est endormie | ils se sont endormis<br>elles se sont endormies |

◎ 부정형은 se와 조동사 앞, 뒤에 ne ~ pas를 놓는다.

| s'endormir 잠들다 | |
|---|---|
| je ne me suis pas endormi(e) | nous ne nous sommes pas endormi(e)s |
| tu ne t'es pas endormi(e) | vous ne vous êtes pas endormi(e)(s) |
| il ne s'est pas endormi<br>elle ne s'est pas endormie | ils ne se sont pas endormis<br>elles ne se sont pas endormies |

**4** 대명동사를 복합과거로 할때는 항상 조동사로 être를 취하는데, 과거분사 일치는 se가 직접 목적보어로 쓰일때만 일치시킨다. 재귀적 용법으로 쓰인 경우에는 뒤에 다른 직접 목적 보어가 나오면 se는 항상 간접으로 쓰인 경우이므로 주어에 과거분사 성수 일치를 하면 안 된다.

Elle se lave dans la salle de bain. (se laver)
→ Elle s'est lavée dans la salle de bain.

Elle se lave les cheveux. (se laver)
→ Elle s'est lavé les cheveux.

또한 간접목적보어를 취하는 대명동사의 상호적 용법에서도 주어에 과거분사 성수 일치를 하면 안 된다.

Elles se téléphonent.
→ Elles se sont téléphonées. (×)
→ Elles se sont téléphoné. (téléphoner à + qn이므로)

**5** 시간을 나타내는 표현

| | | | | |
|---|---|---|---|---|
| présent | aujourd'hui | cette semaine | ce mois-ci | cette année |
| passé | hier | la semaine dernière | le mois dernier | l'année dernière |

◎ il y a + 기간 : ~전에

J'ai mangé il y a 2 heures. 나는 2시간 전에 식사했다.
Ils sont partis il y a 5 jours. 그들은 5일 전에 떠났다.


### ❻ 부사의 위치

**1)** 양이나 질을 나타내는 부사는 복합과거 문장에서 동사의 과거분사 앞에 위치한다.

Tu as bien dormi? 잘 잤니? - Non, j'ai mal dormi. 아니오, 잘 못 잤어요.

**2)** 장소나 시간의 부사는 일반적으로 동사 뒤에 위치한다.

Elles sont parties tôt. 그녀들은 일찍 떠났다.
Ils ont mangé dehors. 그들은 밖에서 식사했다.

**1** 다음 문장들을 être를 써서 복합과거 문장으로 바꾸세요.

**1)** Ils vont en Espagne. (aller)

→

**2)** La vieille dame reste à sa place. (rester)

→

**3)** Les jeunes filles entrent dans le wagon. (entrer) *le wagon 객차

→

**4)** La jeune fille arrive à Paris. (arriver)

→

**5)** La petite fille tombe sur le quai. (tomber)

→

**6)** Tu t'habilles? (s'habiller)

→

**7)** Je me prépare. (se préparer)

→

**2** 다음 문장들을 avoir나 être를 써서 복합과거 문장으로 바꾸세요.

**1)** Voici les cadeaux qu'elles nous offrent. (offrir)

→

**2)** Les robes qu'elles mettent sont tout à fait jolies. (mettre, être)

→

**3)** Elles mangent beaucoup pendant les vacances. (manger)

→

**4)** Elle rentre seule sa voiture au parking. (rentrer)

→

**5)** Elle sort son mouchoir de sa poche. (sortir)

→

**6)** Je commence une conversation et je la continue toute la matinée. (commencer, continuer)

→

**7)** Elle va en Espagne. (aller)

→

**8)** Elle sort de chez elle à l'heure. (sortir)

→

**9)** Elle se lave dans la salle de bain. (se laver)

→

**10)** Elle se coupe les cheveux. (se couper)

→

# 15 반과거 L'imparfait

## nous의 직설법 현재 어근 + 반과거 어미

**1** nous의 직설법 현재어근은 현재변화형에서 'ons'를 뺀 나머지 부분이다. 여기에 다음과 같은 반과거 어미를 붙여 반과거 시제를 만든다. 단, être 동사는 반과거의 어간으로 불규칙하게 ét~의 형태를 취한다는 것에 주의하자.

| 반과거 어미 | avoir | être | dormir |
|---|---|---|---|
| *-ais* | j'avais | j'étais | je dormais |
| *-ais* | tu avais | tu étais | tu dormais |
| *-ait* | il/elle avait | il/elle était | il/elle dormait |
| *-ions* | nous avions | nous étions | nous dormions |
| *-iez* | vous aviez | vous étiez | vous dormiez |
| *-aient* | ils/elles avaient | ils/elles étaient | ils/elles dormaient |

◎ manger/commencer와 같은 동사형은 반과거형을 주의하세요.

| manger | commencer |
|---|---|
| je mangeais | je commençais |
| tu mangeais | tu commençais |
| il/elle mangeait | il/elle commençait |
| nous mangions | nous commencions |
| vous mangiez | vous commenciez |
| ils/elles mangeaient | ils/elles commençaient |

**2** 반과거의 주요 용법

**1)** 과거를 회상할 때 (pour évoquer des souvenirs)

Quand j'étais petite, je jouais du piano. 나는 어렸을 때에, 피아노를 연주했었다.

**2)** 과거의 규칙적 또는 불규칙적인 습관을 말할 때 (〜하곤 했다)

Tous les matins, nous buvions du café chaud. 매일 아침, 우리는 따뜻한 커피를 마시곤 했다.

**3)** 과거의 상황이나 상태를 묘사할 때 (la description du passé)

Ce matin, j'ai vu la copine de Pierre. Elle était grande, brune et jolie.
오늘 아침에 나는 삐에르의 여자 친구를 만났다. 그녀는 키가 컸고, 검은색 머리였고 예뻤다.

**4)** 과거의 정해지지 않은 시간의 지속을 나타낼 때 (과거진행 – la durée du passé)

Je dormais. Soudain, ma mère est entrée dans ma chambre.  → 과거진행
나는 자고 있었다. 갑자기 엄마가 내 방에 들어왔다.

## ❸ 복합과거와 반과거의 차이

큰 맥락에서 볼때 복합과거는 이야기를 이끌어가는 서술시제이며, 반과거는 묘사의 시제이다. 복합과거는 정확하게 '딱' 정해진 시간을 나타내며 반과거는 '쭈욱~' 하고 있었다는 불투명한 시간의 지속의 의미로 쓰인다. 보통 **Quand** 절에는 복합과거가 많이 쓰이고 주절에는 반과거가 많이 쓰인다. 하지만 항상 그런 것은 아니니 주의해서 사용하도록 하자.

Quand elle est arrivée à la gare du Nord, j'étais sur le quai.
그녀가 (딱) 북역에 도착했을때 나는 (쭈욱~) 승강장 위에 있었다.

Quand j'étais jeune, je voyageais beaucoup.
난 젊었을 때 여행을 많이 했었지.

**1)** 복합과거는 과거의 어느 한 시점에서 완료된 사실을 나타낸다.

Je suis allée en Italie en 2005. 나는 2005년도에 이탈리아에 갔었어.

**2)** 복합과거는 과거상황에서 연속적인 몇 가지 사건, 일 등을 나열할 때 쓰이며, 이 경우 시간부사 puis, ensuite, après 등이 연속성을 강조한다. tout à coup, soudain, brusquement "갑자기, 불현듯"이란 부사가 도입되면 복합과거 시제를 쓴다.

Nous sommes allés avec nos enfants à la plage. Nous avons joué au balon et puis nous nous sommes baignés.
우리는 아이들을 데리고 해변에 갔었어. 공놀이를 하고 나서 해수욕을 했지.

**3)** 복합과거는 한정된 시간이나 기간 내에 일어난 사건을 이야기할 때에도 쓰이는 반면 반과거는 불특정한 시간에 일어난 사건을 이야기할 때 쓴다.

J'ai fait du sport pendant 3 heures. 나는 세 시간 동안 운동을 했다.

Avant j'habitais à Bordeaux. En 2003, j'ai déménagé.
전에 나는 보르도에서 살았다. 2003년에 나는 이사갔다.

**4)** 반과거는 과거에 진행중인 행동을 나타낸다. 그러나 그 행동이 언제 시작해서 언제까지 계속되었
   는지는 명확하지 않다.

Son père est entré pendant qu'elle était devant l'ordinateur.
그녀가 컴퓨터 앞에 있었을 때 그녀의 아버지가 들어왔다.


**5)** 반과거는 과거의 이야기 속에서 묘사나 설명을 할 때에도 쓰인다.

Comme il faisait beau, nous sortions.
날씨가 좋을때면 우리는 외출하곤 했었다.


**6)** 반과거는 과거의 습관을 표현하기도 한다. 이 경우 대개 시간 표현이 동반된다.

Tous les soirs, je prenais une douche avant de dormir.
매일 저녁 나는 잠자기 전에 샤워를 하곤 했다.

**1** 다음 밑줄 친 동사를 반과거로 바꾸세요.

**1)** Pierre <u>continue</u> à chanter, mais il <u>gêne</u> les voisins, et il <u>oublie</u> de penser aux autres.

→

**2)** Je lui <u>demande</u> de me prêter ses affaires.

→

**3)** Ils <u>ferment</u> la fenêtre à cause du bruit.

→

**4)** Vous <u>marchez</u> vite et toutes vos actions <u>sont</u> rapides.

→

**5)** Nous <u>aimons</u> surtout le silence.

→

**6)** Vous <u>avez</u> peur.

→

**7)** Tous les matins, nous <u>buvons</u> du café chaud, et nous n'<u>avons</u> pas froid.

→

**8)** Tous les soirs, je <u>prends</u> une douche avant de dormir.

→

**9)** Qu'est-ce que vous <u>faites</u> en France?

→

**10)** J'<u>entends</u> du bruit dans la rue.

→

**11)** Le dimanche je <u>range</u> toutes mes affaires.

→

**2** 다음 문장들의 동사 원형을 문맥에 맞게 복합과거나 반과거로 변화시켜 보세요.

**1)** Quand elle commencer à faire le ménage, son mari regarder la télévision.

→

**2)** Quand vous l'embrasser, votre femme s'occuper des enfants.

→

**3)** Quand je les appeler, ils n'être pas là.

→

**4)** Elle retourner à son bureau, car elle avoir du travail.

→

**5)** Les élèves écrire quand le professeur lire le texte.

→

**6)** Vous dormir au moment où elle entrer dans votre chambre.

→

**7)** Elle sourire quand vous la regarder et quand vous la saluer.

→

**8)** Ils distribuer des feuilles de papier aux élèves au moment où la classe finir.

→

**9)** Nous avoir soif quand elle nous offrir à boire.

→

**10)** Tous les samedis, on aller à la discothèque.

→

> **avoir**의 반과거 + 과거분사(participe passé)
> **être**의 반과거 + 과거분사(participe passé)

**①** 반과거, 복합과거보다 먼저 일어난 과거의 행위에 사용된다. 과거의 행위 중 가장 먼저 일어난 과거를 나타내며 '과거 속의 과거'를 나타내기도 한다. 이와 같이 조동사를 이용하는 시제를 복합시제라 한다. 그래서 조동사 avoir와 être를 선택하는 방법이나 과거분사의 일치는 복합과거를 만들 때와 동일하다. 대부분의 동사들은 avoir를 조동사로 취하고, 왕래발착을 나타내는 자동사들과 대명동사들은 être를 조동사로 취한다.

| prendre | partir | se lever |
|---|---|---|
| j'avais pris | j'étais parti(e) | je m'étais levé(e) |
| tu avais pris | tu étais parti(e) | tu t'étais levé(e)' |
| il/elle avait pris | il était parti<br>elle était partie | il s'était levé<br>elle s'était levée |
| nous avions pris | nous étions parti(e)s | nous nous étions levé(e)s |
| vous aviez pris | vous étiez parti(e)(s) | vous vous étiez levé(e)(s) |
| ils/elles avaient pris | ils étaient partis<br>elles étaient parties | ils s'étaient levés<br>elles s'étaient levées |

**ex.** J'ai revu les amis que nous avions rencontrés en Italie l'année dernière.
나는 우리가 작년에 이탈리아에서 만났던 친구들을 다시 봤다.

Hier soir, je n'ai pas retrouvé l'endroit où j'avais garé ma voiture!
어젯 저녁에 난 내 차를 주차시켜 놓았던 장소를 못찾았다.

Quand je suis arrivée, mon mari était déjà sorti.
내가 도착했을 때 나의 남편은 벌써 나갔다.

Il m'a dit qu'elle était partie seule à Paris.
그는 나에게 그녀가 혼자 빠리로 떠났었다고 말했다.

◎ 비교하기

Quand je suis rentrée, --- ① Aurélie avait pleuré. (대과거)
② Aurélie a pleuré. (복합과거)
③ Aurélie pleurait. (반과거)

**1** 다음 밑줄 친 부분을 대과거로 바꾸고 의미를 파악해보세요.

**1)** Il a recommencé son travail car il le <u>faire mal</u>.

→

**2)** Il a retrouvé sa montre qu'il <u>perdre</u>.

→

**3)** Il a repassé son permis de conduire car il le <u>rater</u>.

→

**4)** Il n'a pas entendu le réveil car il <u>s'endormir</u> très tard.

→

**5)** Il s'est trompé de rue car il <u>ne pas regarder</u> sur son plan.

→

**2** 다음 문장들의 밑줄친 부분을 대과거로 변화시켜 보세요.

**1)** Quand les acteurs <u>entrent</u>, tous les bruits se sont arrêtés

→

**2)** J'ai présenté Pierre à Blanche mais avant, je <u>parler</u> de lui à la jeune fille.

→

**3)** Tu étais contente car tu <u>voir</u> le nom de Madeleine sur le programme.

→

**4)** Elle <u>a trop marché</u> et elle <u>s'est trop fatiguée</u>.

→

**5)** Quand le directeur est arrivé dans mon bureau, je <u>finir</u> mon travail depuis 10 minutes.

→

**6)** Lorsqu'elle est allée éudier en France, elle <u>étudier assez</u> le français.

→

**7)** Nous sommes allés chez Marie. Elle nous <u>a invités</u> à voir un film.

→

**8)** Quand M. Renault est arrivé en Corée, sa femme <u>partir déjà</u> au Mexique.

→

## aller의 직설법 현재 + 동사원형

**1** 금방 일어날 가까운 미래를 나타내며, 회화체에서 주로 사용한다. "곧~할 것이다"로 해석한다. 근접미래는 주어가 2인칭 일때에는 가벼운 명령의 뜻도 나타낼 수 있다. 구어체에서는 단순미래보다 좀 더 말하기 쉬운 형태의 근접미래를 선호하는 경향이 있다.

| sortir 나가다, 외출하다 | |
|---|---|
| je vais sortir | nous allons sortir |
| tu vas sortir | vous allez sortir |
| il va sortir<br>elle | ils vont sortir<br>elles |

**2** 대명동사의 se는 주어에 따라 변화시켜야 한다.

| se promener 산책하다 | |
|---|---|
| je vais me promener | nous allons nous promener |
| tu vas te promener | vous allez vous promener |
| il va se promener<br>elle | ils vont se promener<br>elles |

Elle va faire les courses cet après-midi. 그녀는 오늘 오후에 장을 볼 것이다.

Tu vas aller étudier en France dans 2 ans? 너는 2년 뒤에 프랑스로 유학갈 거니?

Je vais me marier dans deux mois. 나 두달 뒤에 결혼할 거야.

Attention, tu vas tomber. 조심해, 넘어지겠다

Vous allez m'apporter le menu, s'il vous plaît. 메뉴 좀 갖다 주세요. → 가벼운 명령

## 1, 2군 동사원형(3군 동사는 불규칙) + 미래형 어미 **-ai**, **-as**, **-a**, **-ons**, **-ez**, **-ont**

**①** 단순미래는 일반적으로 먼 미래의 행위나 계획을 나타낸다. 하지만 주어가 2인칭일 경우에는 회화체에서 부드러운 명령을 나타내는 경우가 있다.

1, 2군 규칙동사는 동사원형 뒤에 주어에 따라 다음의 어미를 붙이면 단순미래 변화가 된다. 단순미래 어미 바로 앞에는 예외없이 항상 r가 온다. 단, 3군 불규칙 동사는 배우는 데로 같은 계열끼리 묶어서 함께 암기하면 된다.

**②** 미래형의 어미는 주어의 인칭과 수에 따라 변화한다.

◎ 1군 동사는 동사원형의 er에서 r는 뒤의 미래형 어미와 결합되어 발음되고, e는 발음되지 않는다.

| habiter 살다, 거주하다 | |
|---|---|
| j'habiterai | nous habiterons |
| tu habiteras | vous habiterez |
| il habitera<br>elle | ils habiteront<br>elles |

하지만, 1군 동사 중 발음상의 이유로 직설법 현재 변화 때, 악상 그라브를 첨가하거나, t 혹은 l을 중첩시켰던 동사들은 단순미래형을 만들 때에도 예외없이 모든 인칭에 적용시켜야 한다.

| acheter 사다 | |
|---|---|
| j'achèterai | nous achèterons |
| tu achèteras | vous achèterez |
| il achètera<br>elle | ils achèteront<br>elles |

◎ 2군 동사는 예외없이 모두 다 발음된다.

| **finir** 끝마치다 | |
|---|---|
| je finirai | nous finirons |
| tu finiras | vous finirez |
| il finira | ils finiront |
| elle | elles |

◎ 〈−re〉로 끝나는 3군 불규칙 동사의 대부분은 마지막 **−e를 탈락시킨 후** 미래형 어미를 덧붙인다.

attendre : j'attendrai    prendre : je prendrai    boire : je boirai    écrire : j'écrirai

lire : je lirai    mettre : je mettrai    dire : je dirai    vivre : je vivrai    rire : je rirai

◎ 그 밖의 불규칙 미래어근을 취하는 동사들

envoyer : j'enverrai        savoir : je saurai        devoir : je devrai

voir : je verrai        vouloir : je voudrai        faire : je ferai

venir : je viendrai        pouvoir : je pourrai        être : je serai

aller : j'irai        recevoir : je recevrai        avoir : j'aurai

pleuvoir : il pleuvra        falloir : il faudra        courir : je courrai

J'irai au Canada. 나는 캐나다에 갈 것이다.

Elle courra vers sa mère. 그녀는 엄마 쪽으로 뛰어갈 것이다.

Je devrai y arriver à l'heure. 나는 그 곳에 정시에 도착해야 할 것이다.

Vous enverrez des cartes à vos amis. 친구들에게 카드를 보내세요.

Nous ferons les magasins à Paris. 우리는 빠리에서 쇼핑할 것이다.

Elle mourra bientôt. 그녀는 곧 죽을 것이다.

Ils pourront arriver avec leurs parents. 그들은 부모님들과 함께 도착할 수 있을 것이다.

Vous viendrez demain. 내일 오세요.

 **3** 시간을 나타내는 표현

| présent | aujourd'hui | cette semaine | ce mois-ci | cette année |
|---------|-------------|---------------|------------|-------------|
| futur | demain | la semaine prochaine | le mois prochain | l'année prochaine |

◎ dans + 기간 : ~후에

Je partirai dans 2 heures. 나는 2시간 뒤에 떠날거야.

Ils viendront me voir dans 5 mois. 그들은 다섯 달 후에 나를 보러 올겁니다.

## ● **Exercices**

**1** 다음 문장을 근접미래로 바꾸세요.

**1)** Nous avons de bons professeurs.

→

**2)** On finit le jeu.

→

**3)** Elles sont au Canada.

→

**4)** Nous voyons la tour Eiffel.

→

**5)** On va à Dijon?

→

**6)** Ils viennent avec leurs copines.

→

**7)** Vous prenez un parapluie?

→

**8)** Elle dit bonjour à ses collègues le matin.

→

**9)** Je lis "Les Misérables".

→

**10)** J'envoie un email à mon copain.

→

**2** 다음 문장의 주어를 Vous로 하여 동사를 단순미래로 변화시켜 보세요.

**1)** Je suis seul, j'ai faim, je cherche quelque chose à manger.

→

**2)** Tu m'apportes le menu.

→

**3)** Aujourd'hui, elle va à Paris.

→

**3** 다음 문장들의 주어를 Je로 하여 동사를 단순미래로 변화시켜 보세요.

**1)** Quand Anna se réveille, elle regarde sa montre.

→

**2)** Nous ne retrouvons pas les deux jeunes gens.

→

**3)** Tu ne te prépares pas à aller chez ton amie.

→

**4)** Vous ne changez pas.

→

**4** 다음 문장의 동사들을 주어진 주어에 맞게 단순미래로 변화시켜 보세요.

**1)** Quand je peux trouver un livre intéressant, je l'envoie à mon copain.

→

**2)** Quand vous voyez un livre ennuyeux, vous ne pouvez pas le lire.

→

**3)** Elle peut étudier l'histoire du Moyen Age, mais elle ne le veut pas.

→

**4)** Tu as voulu ce livre, mais tu n'as pas pu l'acheter parce qu'il était trop cher.

→

**5)** J'ai voulu la voir mais je n'ai pas pu la rencontrer.

→

**6)** Ils ne sont pas dans la classe.

→

**7)** Vont-ils vers la France?

→

**8)** Elle vient de France.

→

**9)** Je fais les courses avec mon mari.

→

**10)** Je bois un verre d'eau.

→

**11)** Nous lisons des livres en anglais.

→

> **avoir의 단순미래 + 과거분사(participe passé)**
> **être의 단순미래 + 과거분사(participe passé)**

**①** 전미래는 미래보다 먼저 일어날 행위, 미래의 한 순간에서의 완료, 상태를 나타낼 때 사용한다. 조동사 avoir나 être의 단순미래형에 과거분사를 붙여서 만들며, 조동사를 취하는 법칙은 복합과거시제를 만들 때와 동일하다. 즉 대부분의 동사는 avoir를, 왕래발착을 나타내는 자동사와 대명동사들은 être를 조동사로 사용한다. être를 조동사로 취할 경우에는 주어의 성과 수에, avoir를 조동사로 취할 때는 직접목적어가 선행할 때에만 그 성과 수에 과거분사를 일치시킨다.

| finir | aller |
|---|---|
| j'aurai fini | je serai allé(e) |
| tu auras fini | tu seras allé(e) |
| il aura fini<br>elle aura fini | il sera allé<br>elle sera allée |
| nous aurons fini | nous serons allé(e)s |
| vous aurez fini | vous serez allé(e)(s) |
| ils auront fini<br>elles auront fini | ils seront allés<br>elles seront allées |

**②** 전미래는 다음과 같은 경우에 주로 쓰인다.

**1)** 단순미래의 행위보다 한 시제 빠른 사실을 나타낸다.
Quand(=Lorsque) j'aurai terminé mes devoirs, j'irai au cinéma avec mon copain. 나는 숙제를 끝낸 후에 남자 친구와 함께 극장에 갈 것이다.

**2)** 미래완료를 나타낸다. (완료의 시점을 나타내는 전치사 à나 avant과 같이 쓰인 독립적 문장에서)
Tu seras rentrée chez toi avant minuit. 자정이 되기 전에 집에 들어가.

**3)** 과거 추측이나 가능성을 나타낸다. (전치사 à나 avant이 없는 독립적 문장에서)
Marie n'est pas encore partie de chez elle ; elle aura oublié notre rendez-vous.
마리가 아직 집에서 떠나지 않았어 ; 그녀가 우리의 약속을 잊었나봐.

1  전미래를 사용하여 문장을 완성하세요.

**1)** Tu viendras à table : tu vas te laver les mains.

Tu viendras à table quand tu ________________________

**2)** Je mettrai cette table basse dans le salon : je vais la cirer.

Je mettrai cette table basse dans le salon quand je ________________________

**3)** J'installerai ces chaises sur la terrasse : je vais les repeindre.

J'installerai ces chaises sur la terrasse lorsque je ________________________

________________________

**4)** Cette lampe fera très bien sur la cheminée : je vais la réparer.

Cette lampe fera très bien sur la cheminée quand je ________________________

**5)** J'offrirai ces rideaux à ma mère : je vais les laver.

J'offrirai ces rideaux à ma mère lorsque je ________________________

2  뜻에 맞게 단순미래나 전미래를 사용하여 문장을 완성하세요.

**1)** finir tes études / trouver un travail

Quand tu ________________________, tu trouveras un travail.

**2)** économiser de l'argent / acheter une maison

Lorsque tu ________________________, tu ________________________

**3)** acheter une maison / se marier

Dès que tu ________________________, tu ________________________

**3** 다음 밑줄 친 부분을 전미래로 바꿔보세요.

**1)** Avant 7 heures, la jeune fille <u>s'est réveillée</u>, elle <u>s'est levée</u>, elle <u>s'est habillée</u> et elle <u>s'est préparée</u> à sortir.

→

**2)** Avant 9 heures, les deux jeunes filles <u>se sont téléphoné</u>, elles <u>se sont parlé</u>, elles <u>se sont promis</u> de se revoir et elles <u>se sont donné</u> leurs adresses.

→

**3)** Quand elle <u>arriver</u> sur la plage, elle courra vers la mer.

→

**4)** Lorsque je <u>sortir</u> de la station, je prendrai un taxi.

→

**5)** Quand elles <u>voir</u> ensemble un film, elles iront au restaurant.

→

**6)** Elles arriveront à minuit mais déjà ils <u>partir</u> une heure avant.

→

**7)** Elles n'y arrivent pas encore. Elles <u>manquer</u> le train de 19 heures.

→

**8)** Tu <u>oublier</u> de fermer le gaz avant de sortir.

→

## ❶ 조건법 현재 1

> 동사의 단순미래 어근 + 반과거 어미 **–ais, -ais, -ait, -ions, -iez, -aient**

앞서 보았던 동사의 단순미래 어근에다가 반과거 어미를 붙여서 만든다. 조건법 현재형은 다음과 같은 의미를 가진다.

**1) 예의를 갖추어** 상대방에게 무언가를 부탁하거나 요구할 때

Je voudrais voir Mme Dupont. 뒤퐁 부인을 보고 싶습니다.
Pourrais-tu m'aider, s'il te plaît? 나 좀 도와줄 수 있겠니?

**2) 어조의 완화** : 상대방에게 무언가를 조언해주거나 충고해줄 때

Tu devrais étudier un peu plus. 넌 공부를 조금 더 해야겠다.
Vous devriez écouter les autres. 당신은 다른 사람의 말을 들어야 할겁니다.

**3) 바람이나 소원을** 이야기할 때

Je voudrais bien aller en France. 나 프랑스에 가고 싶어.
J'aimerais visiter le musée d'Orsay. 나는 오르세 미술관을 방문하고 싶어.

**4) 개연성, 불확실성의 뉘앙스를** 담을 때

J'ai une amie qui pourrait venir te chercher. 나는 너를 마중나갈 수 있는 친구가 한명 있어.

**5)** 확인되지 않은 정보지만 **가능성이 있는 추측을** 할 때 : 주로 언론에서 빈번하게 사용된다.

Le Président se rendrait en visite officielle en Chine. 대통령은 중국을 공식 방문할 듯 하다.

**6) au cas où와 같은 접속사가** 이끄는 절에서

Au cas où vous changeriez d'avis, téléphonez-moi.
만일 의견을 바꾸시게 된다면, 저에게 전화주세요.

Au cas où il pleuvrait, le match aurait lieu le lendemain.
만일 비가 올 경우에는 경기는 그 다음날 있을 것이다.

## ② 조건법 현재 2 : 현재에 대한 가정 (l'hypothèse sur le présent)

> **si** + 직설법 반과거, 조건법 현재 : ∼하면 ∼할 텐데

확실하지 않은 사실을 가정하거나, 현재 사실에 반대되는 사실을 가정할 때 사용한다.

**Si j'avais beaucoup d'argent, j'achèterais d'abord une grande maison.**
내가 돈이 많다면 우선 커다란 집 한 채를 살 텐데.

**S'il faisait beau, on se promènerait sur la plage.**
날씨가 화창하다면 우리는 해변에서 산책할텐데.

**Que feriez-vous si vous ne travailliez pas?**
당신은 일을 하지 않는다면 무엇을 하시겠어요?


## ③ 조건법 과거 1

> 조동사 avoir의 조건법 현재 + 동사의 과거분사(participe passé)
> 조동사 être의 조건법 현재 + 동사의 과거분사(participe passé)

조동사는 복합과거 시제를 만들 때와 동일하게 적용시킨다. 대부분의 동사는 avoir를 조동사로, 왕래발착 동사와 대명동사는 être를 조동사로 취한다. avoir를 조동사로 취할 경우에는 선행된 직접목적어의 성수에 과거분사를 일치시키고, être를 조동사로 취할 때에는 주어의 성수에 일치시키는 것도 복합과거 시제를 만들 때와 동일하다. 용법은 다음과 같다.

**1) 과거에 대한 후회나 유감 또는 질책, 자책 등을 표할 때**

**J'aurais voulu être médecin.** 나는 의사가 되기를 원했어야 했는데.

**J'aurais aimé les mathématiques.** 나는 수학을 좋아했어야 했는데.

**Tu aurais dû faire attention.** 너는 주의를 했어야 했다.

**Tu n'as rien fait! Tu aurais pu au moins faire tes devoirs!**
너는 아무것도 안 했다. 너는 적어도 숙제를 할 수는 있었을텐데.

**2) 과거의 확인되지 않은 정보를 추측할 때** : 주로 언론에서 빈번하게 사용된다.

**Le maire serait mort d'un cancer.** 그 시장은 암으로 죽었을 것이다.

**Un accident aurait eu lieu sur l'autoroute.** 고속도로에서 사고가 발행한 것 같다.

### **4** 조건법 과거 2 : 과거에 대한 가정 (l'hypothèse sur le passé)

**si + 직설법 대과거, 조건법 과거 : ~했었다면 ~했었을 텐데**

과거사실에 대한 가정으로, 과거에 어떤 조건이 실현되었더라면 일어났을지도 모르는 사실을 이야기
할 때 쓴다.

Si elle n'était pas partie en retard, elle n'aurait pas raté l'avion.
그녀가 늦게 출발하지 않았더라면, 비행기를 놓치지 않았을 텐데.

Si vous aviez pris cette route, vous seriez arrivé plus tôt.
당신이 이 길을 취했더라면, 좀 더 일찍 도착했을 텐데.

S'il n'avait pas plu, j'aurais fait du vélo.
비가 오지 않았더라면, 나는 자전거를 탔을 텐데.

**1**   조건법 형태로 문장을 다시 쓰세요.

**1)** Je (vouloir) voir ce pantalon, est-ce que je (pouvoir) l'essayer?

→

**2)** Est-ce que vous (avoir) la monnaie de 10 euros, s'il vous plaît?

→

**3)** Ma valise est trop lourde, est-ce que tu (pouvoir) m'aider?

→

**4)** Tu as un examen dans un mois, tu (devoir) travailler un peu plus.

→

**5)** Vous êtes stressé, vous (devoir) prendre des vacances.

→

**2**   조건법 현재 문장으로 바꿔보세요.

**L'hypothèse : si +** 직설법 반과거, 조건법 현재

**1)** Si je (être) moins paresseux, je (faire) du jogging tous les matins!

→

**2)** S'ils (avoir) moins de travail, ils (sortir) plus souvent avec leurs amis.

→

**3)** Si je (gagner) au loto, je (acheter) une belle maison, je (voyager) et je (donner) de l'argent aux pauvres.

→

**4)** Je (être) contente, si tu m' (inviter) à la fête.

→

**3** 조건법 과거 문장으로 바꿔보세요.

> **L'hypothèse : si +** 직설법 대과거, 조건법 과거

**1)** Hier, s'il (faire) beau, je (aller) à la piscine.

→

**2)** Si vous (se lever) plus tôt, vous (pouvoir) passer à la poste.

→

**3)** S'il (prendre) la première rue, il (arriver) tôt à la maison.

→

**4)** Si tu ne me (dire) rien, je (être) triste.

→

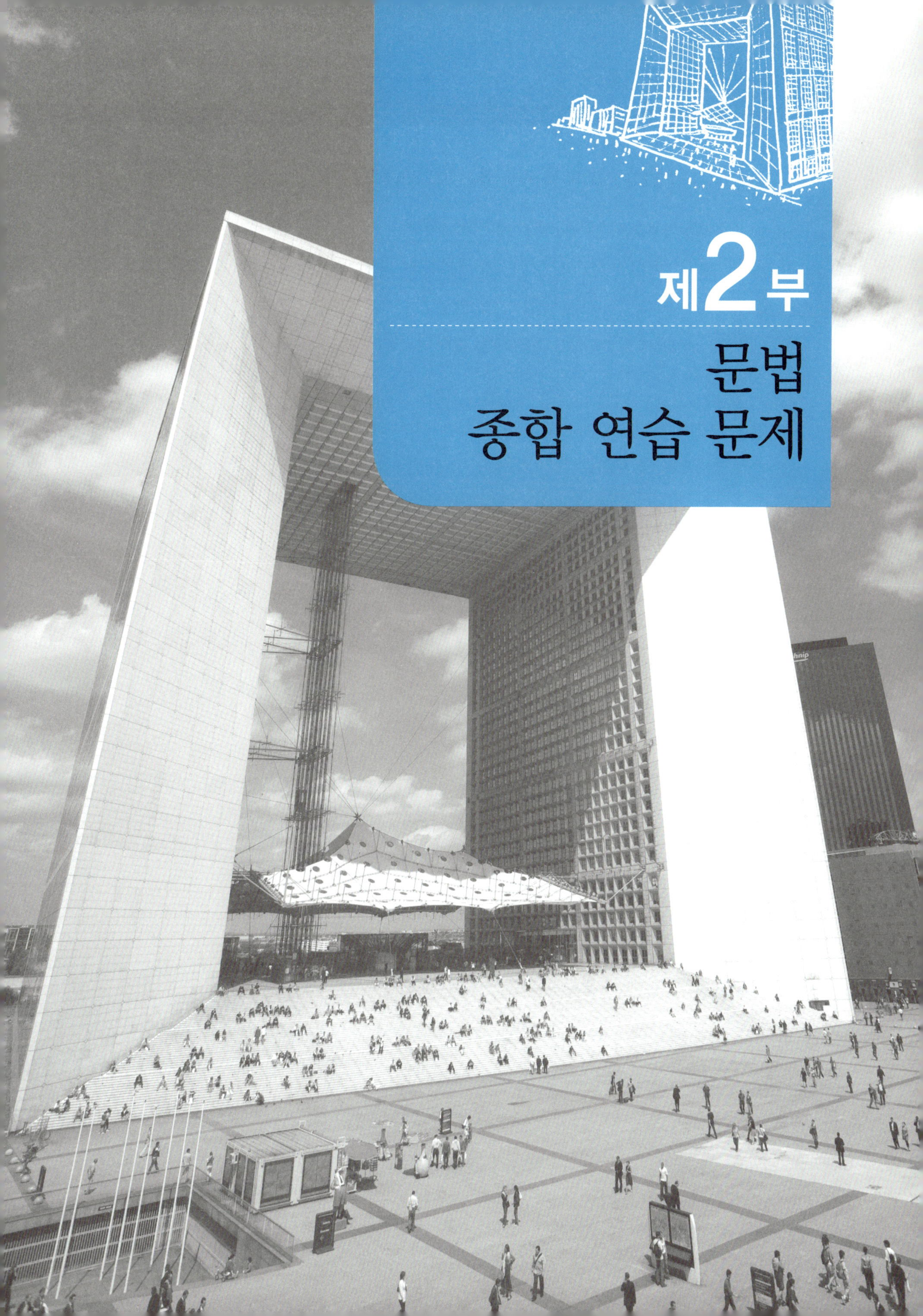
제2부
문법
종합 연습 문제

다음 문장들의 (    ) 부분을 문법에 맞게 지시하는데로 써보세요.

**1)** Je (poursuivre 직설법 현재) mes études (aller 제롱디프) aux cours du soir à l'unversité.

*poursuivre mes études 공부를 하다 / les cours du soir 저녁 강의

→

**2)** Elle (se prépare 복합과거) à passer 3 ans en France.

→

**3)** Ils (quittent 복합과거) leur pays pour aller étudier en France.

*aller étudier + (외국) 장소 ~로 유학가다

→

**4)** Elle (monte 복합과거) au cinquième étage.

→

**5)** Ils (montent 복합과거) les étages par l'escalier.

→

**6)** L'arrivée à Paris est (prévoir 과거분사) pour midi.

*prévoir 예상하다, 예견하다, 준비해두다 / pour 예정을 나타내는 전치사

→

**7)** Le train (n'aura-t-il 직설법 현재) pas de retard?

→

**8)** Tous les autres passagers (vont 복합과거) au wagon-restaurant.

*le passager la passagère 통행인, 승객

→

**9)** Elle se lève pour chercher quelque chose (전치사) manger dans sa valise.

→

**10)** Les voyagers (reviennent tous 복합과거) à leur place.

→

**11)** (Faut-il 반과거) rester ici?

→

**12)** Nous (ne prenons que 복합과거) nos affaires.

→

**13)** Quels livres (emportez-vous 복합과거)?

→

**14)** Au loin on (apercevoir 직설법 현재) des usines avec de grosses cheminées.

→

**15)** Leur état ne présage rien (전치사) bon. *présager 예상하다, 예측하다

→

**16)** Elle (reste 직설법 복합과거) à la maison.

→

**17)** Je suis un peu triste de (les quitter 부정법 과거).

→

**18)** (Tu te prépares. 명령법)

→

**19)** Il marche (무거운 발걸음으로).

→

**20)** Ce sont deux petites chambres claires propres (서로 곁에 있는).

→

**21)** Il chante (faire 제롱디프) sa toilette. *faire sa toilette 세면하다, 세수하다

→

**22)** (faire 명령법) moins de bruit.

→

**23)** J'ai envie de (그곳에서 쉬고) et de (아무것도 안하고) après le dîner.

　　*avoir envie de inf ~하고 싶다

　　→

**24)** J'ai oublié (전치사) vous faire remplir les fiches d'inscriptions.

　　*remplir 채우다 / une fiche d'inscription 숙박계, 신청서

　　→

**25)** Il suffit (전치사) inscrire votre nom et votre numéro de passeport.

　　*Il suffit de inf ~하는 것으로 충분하다

　　→

**26)** Ma famille (séjourner 반과거) dans un grand hôtel. *séjourner 체류하다, 거주하다, 머물다

　　→

**27)** Les portes (se ferment 반과거) violemment.

　　*se fermer 닫히다(수동적 대명동사) / violemment 격렬하게, 난폭하게

　　→

**28)** Ils (prennent 반과거) l'ascenseur. *un ascenseur 엘리베이터

　　→

**29)** La chambre de mes parents (être 반과거) au premier étage.

　　→

**30)** Il y (a 반과거) beaucoup de monde dans la rue.

　　→

**31)** Ils nous (attendent 반과거) sur le quai.

　　→

**32)** Le taxi nous (arrêtent 복합과거) devant une maison moderne.

　　→

**33)** Il nous (serre 복합과거) la main. *serrer la main à qn ~와 악수하다

→

**34)** Nous avons déjeuné avec plaisir (배가 고팠기 때문에).

→

**35)** Il (fait 반과거) beau.

→

**36)** Elles (retournent 복합과거) dans leur bureau car elles (ont 반과거) beaucoup de travail.

→

**37)** Vous (voyez 단순미래), vous y serez bien.

→

**38)** Le prix de l'essence ne cesse (전치사) augmenter.

*un prix 가격 / une essence 휘발유, 기름 / augmenter 오르다

→

**39)** (Vous ne vous en faites pas 부정명령) pour nous, tout va bien. *s'en faire 근심하다, 걱정하다

→

**40)** Ils ne (dire 반과거) rien.

→

**41)** Par politesse, il (n'en dit rien 복합과거).

→

**42)** Ils (la remercient 복합과거) de leur envoyer un bouquet de fleurs.

*remercier qn ~에게 감사하다

→

**43)** Les librairies (manquent aussi 부정문). *une librairie 서점 / manquer 부족하다

→

**44)** Hier, elle (s'y perdre 복합과거). *se perdre 길을 잃다, 어리둥절하다

→

**45)** Comme tu ne (venir 반과거) pas, elle (s'habiller 복합과거) et elle (descendre 복합과거) voir si tu n'(être 반과거) pas dans la rue.

→

**46)** La prochaine fois, tu me (prévenir 단순미래) avant de partir, ça m'évitera (전치사) te chercher inutilement. *prévenir (〜에게)알리다 / éviter 피하다

→

**47)** (J'y arrive. 부정문). *arriver à inf 〜하기에 이르다, 〜할 수 있다

→

**48)** La Seine va (동에서 서로) alors que la rue Saint-Jacques, elle, va (북에서 남으로).
*alors que ~ 〜인데, 〜할때

→

**49)** Les Parisiens d'autrefois, quand ils (voyager 반과거), (s'en aller 반과거) soit par ce fleuve, soit par cette route. *autrefois 옛날에 / s'en aller 가버리다 / soit ~, soit ~ 〜이건, 이건

→

**50)** Ici, il y a plus de deux mille ans, Paris (naître 복합과거).

→

**51)** Je connais cette ville, je (la voir 복합과거) quand je regardais par la fenêtre du train.

→

**52)** (Tu t'en vas. 명령법)

→

**53)** Quand ils (rentrer 복합과거) à leur hôtel, ils (entendre 복합과거) les douze coups de minuit. *un coup 때림, 타격 / le minuit 자정

→

**54)** Je (revoir 반과거) mon professeur de français nous le (lire 현재분사) et (mettre 현재분사) l'accent sur chaque mot. *revoir 회상하다 / chaque 각각의 / un mot 단어

→

**55)** Comme ça, il (pouvoir 단순미래) découvrir l'histoire de Paris et quand nous (se promener 단순미래) avec nos amis, il ne leur (poser 단순미래) plus de questions inutiles et fatigantes. *découvrir 발견하다, 알아보다 / inuitile 쓸데없는

→

**56)** Il (ira partout 부정문) et elle (ne se perdra nulle part 긍정문).

*partout 어디든지 / ne ~ nulle part 어느곳도 아니다

→

**57)** Avant (전치사) partir, il lui a laissé une commission.

*laisser une commission à qn ~에게 심부름을 시키다

→

**58)** Elle se demande comment elle (y va 근접미래).

→

**59)** Il doit lui rembourser quand il (현금을 인출하다).

*remborser 되돌려주다, 상환시키다 / les espèces 현금

→

**60)** Elle doit se servir (전치사) un aspirateur ou d'un lave-vaisselle.

*un aspirateur (전기)청소기 / un lave-vaisselle 식기 세척기

→

**61)** Ce bus vous (mener 단순미래) à la place Trocadéro.

→

**62)** L'air y est bien (bon 우등 비교급), on respire (bien 우등 비교급).

→

**63)** Elle a fait des essais et s'est décidée (전치사) acheter une robe.

*faire des essais (사기전에) 입어보다

→

**64)** Je n'entendrai plus mon voisin se plaindre (전치사) mon enfant.

*le voisin 이웃사람 / se plaindre 불평하다

→

**65)** Dans quelques instants, nous (atteignons 단순미래) l'Académie française sur votre droite. *atteindre ~에 다다르다

→

**66)** Et puis tu m'énerves, j'en ai marre (전치사) toi.

*énerver 성가시게 하다 / en avoir marre 싫증이 나다

→

**67)** J'ai passé toute ma vie (전치사) en étudier la civilisation.

→

**68)** Mon frère et (강세형) avons eu plaisir (전치사) découvrir l'histoire de France.

→

**69)** (Tu y vas. 명령문).

→

**70)** Il est presque neuf heures, et j'aime dîner tôt, tu (중성 대명사) sais bien.

→

**71)** Il (suit 복합과거) ma classe à la Sorbonne.

→

**72)** (Vous n'êtes pas 부정명령법) surpris d'être malade.

→

**73)** D'après lui, je suis le seul (전치사) avoir pu lui apporter des réponses à ses questions. *d'après qn ~의 말에 따르면

→

**74)** Comme ils (paraissent 반과거) très gentils, je les (accompagne 복합과거).

→

**75)** On ne peut pas terminer ce travail (전치사) une heure.

→

**76)** Afin (전치사) se préparer, il raconte aux jeunes gens la vie de Molière.

→

**77)** Il a du mal (전치사) comprendre et tout le monde se moque (전치사) lui.

→

**78)** La fin de l'entracte a sonné et chacun (devoir 복합과거) regagner sa place.
*un entrate 막간 휴식 시간 / chacun 각자 / regagner ~로 되돌아가다

→

**79)** A ces paroles, Marie (devenir 대과거) toute rouge. *une parole 말

→

**80)** Elle m'a dit que vous (rencontrer 대과거) son grand-père sur un bateau-mouche.
*un bateau-mouche (쎄느강의) 유람선

→

**81)** C'était une voix (관계대명사) ne lui était pas inconnue. C'était (지시대명사) d'Elisabeth, une camarade de classe. *une voix 목소리 / inconnu 알려지지 않은

→

**82)** Mais toi, tu ne (devoir 반과거) pas venir en France. Tu (ne pas me le dire 대과거).

→

**83)** J'(ai prévu 대과거) d'y déjeuner un jour, cette semaine.

→

**84)** Si vous (vouoir 직설법 현재), vous (pouvoir 직설법 현재) y venir demain.

→

**85)** Après (se mettre 부정법 과거) d'accord pour déjeuner ensemble au restarant de la Cité Universitaire ce jeudi, elles parlent de leur séjour à Paris.

*se mettre d'accord 의견의 일치를 보다 / un séjour 체류

→

**86)** Elle (s'inscrire 복합과거) au programme de quatre semaines à l'institut.

*s'inscrire 등록하다 / un institut 학원, 연구소

→

**87)** Il est plus tard que (내가 생각했었던 것). *tard 늦게

→

**88)** (전치사) bavarder ensemble, Je (ne vois pas 복합과거) le temps passer.

*bavarder 수다떨다

→

**89)** Comme ni Pierre, ni moi ne (être 직설법 현재) étudiants ici, nous ne pouvons pas résider à la Cité Universitaire.

*résider 거주하다, 체류하다 / la Cité Universitaire (빠리에 있는) 국제 대학생 기숙사 촌

→

**90)** Mon frère regrette un peu (전치사) ne pas être au milieu des étudiants.

*regretter 아쉬어하다

→

**91)** Dis-lui (전치사) venir me voir quand il veut.

→

**92)** Allons au jardin du Luxembourg. J'en profiterai pour lire le livre (관계대명사) mon amie m'a prêté au sujet des châteaux français.

*profiter de ~ ~를 좋게 이용하다, ~를 만끽하다 / prêter 빌려주다 / au sujet de ~에 대해서

→

**93)** Comme ça, je connaîtrai un peu mieux les châteaux français pour le jour (관계대명사) nous les visiterons.

→

**94)** Et si on (aller 반과거) au café?

→

**95)** Je vais (머리를 자르다) chez le coiffeur. *un coiffeur 헤어디자이너

→

**96)** Tu n'(as 단순미래) qu'à m'y rejoindre à l'heure du déjeuner.

*n'avoir qu'à inf 하기만 하면 된다 / rejoindre 다시 만나다

→

**97)** (Je cherche quelque chose à manger. 부정문)

→

**98)** Tu (나에게 그것을) donnes.

→

**99)** Tu (그에게 그것을) donnes.

→

**100)** Donne-(그에게 그것을).

→

**101)** Donne-(나에게 그것을).

→

**102)** Ne (나에게 그것을) donne pas.

→

**103)** Ne (그에게 그것을) donne pas.

→

**104)** (Vous faites du sport. 긍정 명령문)

→

**105)** (Il y a quelqu'un? 부정문) *quelqu'un(qn) 누군가 ↦ quelque chose(qch) 무엇

→

**106)** (Tu es calme. 긍정 명령문)

→

**107)** (Vous avez du courage. 부정 명령문)

→

**108)** Elle (rentrer 전미래) à la maison avant minuit.

→

**109)** Elle ne cherche rien (전치사) beau.

→

**110)** Il regarde la voiture (관계대명사) sa femme a achetée.

→

**111)** Elle se souvient du jour (관계대명사) il est mort. *se souvenir de ~ ~을 회상하다 / mourir 죽다

→

**112)** C'est la ville (관계대명사) je suis né.

→

**113)** Les conversations (관계대명사) j'ai eues avec elle m'ont été d'une aide précieuse.

→

**114)** N'oublie pas (전치사) lui transmettre mes amitiés. *transmettre 전달하다

→

**115)** J'ai fait une croisière sur la Seine (관계대명사) nous avons fait la connaissance d'un professeur très savant (관계대명사) nous a emmenés au bois de Boulogne.

*une croisière (배를 타고하는) 유람 / faire la connaissance de qn ~와 사귀다

→

**116)** Je t'enverrai les renseignements dès que je les (rassembler 전미래).

*envoyer 보내다 / un renseignement 자료 / dès que ~ ~하자마자 / assembler 모으다

→

**117)** Si tu as encore besoin de quelque chose, n'hésite pas (전치사) me le demander.

*avoir besoin de ~ ~이 필요하다 / hésiter 주저하다

→

**118)** Avant mon départ à Paris, nous (se promettre 대과거) de nous écrire de longues lettres. *se promettre 서로 약속하다 / s'écrire 서로 편지쓰다

→

**119)** J'ai bien regardé les robes (관계대명사) portaient les filles françaises.

→

**120)** Nous n'avons rien (전치사) leur envier. *envier 부러워하다

→

**121)** Nous avons fait la connaissance de gens très gentils (관계대명사) nous sortent et nous font découvrir des tas de choses passionnantes à Paris.

*des tas de~ 수많은~ / passionnant 매우 재미있는, 열광적인

→

**122)** Jeanne a-t-elle commencé ses examens? Marie et Sylvie ont-elles terminé (소유대명사)?

→

**123)** Après (sortir 부정법과거) de son école, elle va au café.

→

**124)** Elle (se laver 복합과거) les mains.

→

**125)** Elles (se regarder 복합과거) l'une l'autre. *l'une l'autre 서로

→

**126)** (Vous ne vous en faites pas. 부정명령문) *s'en faire 근심하다, 걱정하다

→

**127)** (Vous n'avez pas peur. 부정명령문)

→

**128)** Elle (s'adresser 복합과거) à la jeune fille d'une voix douce.

*s'adresser à qn ～에게 말을 걸다, ～에게 문의하다 / doux, douce 부드러운, 달콤한

→

**129)** Abstenez-vous (전치사) toute lecture dans les jours à venir.

*s'abstenir 삼가다 / une lecture 읽기, 강독

→

**130)** J'ai dans ma bibliothèque beaucoup de livres modernes car j'aime les auteurs engagés, (지시대명사) qui s'intéressent aux préoccupations de leurs congénères et qui n'hésitent pas (전치사) aborder les questions sociales et politiques.

*un auteur 작가 / engagé 참여한, 지원한 / s'intéressent à~ ～에 흥미가 있다 / une préoccupation 관심, 걱정 / un(une) congénère 동족, 동류 / aborder 다루다, 가까이하다

→

**131)** Les écrivains modernes (관계대명사) on parle ont un regard critiques sur les problèmes politiques et sociaux de leur époque.

*un écrivain 작가 / un regard 시선 / critique 비판적인 / une époque 시대

→

**132)** Moi, j'aime les livres, un vieux livre c'est comme un (vieux) ami pour moi.

→

**133)** (전치사) les jours de grand froid, j'aime mieux m'installer dans ma fauteuil en
compagnie d'un bon livre.

*s'installer 자리잡다, 앉다 / un fauteuil 소파 / en compagnie de~ ~을 동반하여, ~과 함께

→

**134)** Elle était professeur dans la ville (관계대명사) j'habitais alors.

→

**135)** Par bonté et par amour pour les hommes elle a quitté sa vie calme et paisible
pour (지시대명사) des ouvriers d'usine.

*la bonté 친절 / un amour 사랑 / paisible 평화로운 / un ouvrier 노동자

→

**136)** Jamais je n'oublierai le jour (관계대명사) elle nous a quittés.

→

**137)** Vous avez fermé la porte (관계대명사) j'avais ouverte.

→

**138)** Voici le four (관계대명사) on se sert pour fondre le métal.

*un four 용광로, 오븐 / se servir de~ ~을 이용하다, ~을 사용하다

→

**139)** Voilà une maison (관계대명사) le toit est rouge. *un toit 지붕

→

**140)** J'ai appris le français pendant l'année (관계대명사) je faisais des études à Paris.

*apprendre 배우다 / pendant~ ~하는 동안

→

**141)** J'habite depuis trois ans dans cet appartement (관계대명사) j'aime.

*depuis~ 〜한 이래로

→

**142)** Elle nous a quittés le jour (관계대명사) j'aime me souvenir. *se souvenir 회상하다

→

제3부
Bonus
기본기 다지기

## ○ 기본기 다지기

### ① 부정의 de

**1.** (1) 부정관사 <u>un, une, des</u>나 부분관사 <u>du, de la, de l'</u>은 (2) 타동사의 <u>직접 목적어</u>로 쓰여서 (3) <u>부정문</u>이 될 시에는 모두 <u>부정의 de</u>로 바뀐다.

Il n'a pas d'amis. 그는 친구가 없다.
Je n'ai pas d'argent. 나는 돈이 없다.

**2.** <u>정관사</u> le, la, les는 지시의 의미가 있으므로 절대 <u>불변</u>한다.

Je n'aime pas le café. 나는 커피를 좋아하지 않는다.

**3.** 반드시 <u>직접목적어</u>로 쓰일때만 부정의 de로 바뀐다.

Ce n'est pas <u>un</u> traversin. 그것은 베개가 아니야.

◎ 다음 문장들을 긍정문은 부정문으로, 부정문은 긍정문으로 바꾸세요.

**1)** Vous avez une fiche d'inscription. *une fiche d'inscription 숙박계(호텔의)

**2)** Je n'ai pas de stylo.

**3)** Elle n'a pas de billet. *un billet 표(기차,극장,지하철등), 지폐

**4)** Il a un ordinateur. *un ordinateur 컴퓨터

**5)** Elle regarde la voiture.

**6)** Elles n'ont pas de réfrigérateurs. *un réfrigérateur 냉장고

**7)** A-t-il une voiture?

**8)** C'est une ville.

**9)** Ont-ils des enfants?

**1)** Vous n'avez pas de fiche d'inscription.  **2)** J'ai un stylo.  **3)** Elle a un billet.  **4)** Il n'a pas d'ordinateur.  **5)** Elle ne regarde pas la voiture.  **6)** Elles ont des réfrigérateurs.  **7)** N'a-t-il pas de voiture?  **8)** Ce n'est pas une ville.  **9)** N'ont-ils pas d'enfants?

## ② 강세형 인칭 대명사

moi, toi, lui, elle, nous, vous, eux, elles

강세형은 주로 다음의 경우에 쓰인다.

(1) 주어 앞에서 주어를 강조할 경우에
(2) 전치사 다음에서
(3) 비교급의 que 다음에서
(4) 긍정 명령문에서 me, te는 강세형 moi, toi로 된다.

**Toi, tu es bavarde.** 너, 너는 수다스럽다.
**Pierre est parti en France avec elle.** 삐에르는 그녀와 함께 프랑스로 떠났다.
**Elles sont plus grandes que moi de 5 centimètres.** 그녀들은 나보다 5cm가 더 크다.
**Lave-toi les mains avant de manger.** 먹기 전에 손을 씻어라.
**Donnez-moi votre sac.** 당신의 가방을 저에게 주세요.

◎ Traduisez les phrases suivantes en français. (다음 문장들을 프랑스어로 번역하세요.)

**1)** 그, 그는 친절하다.

**2)** 나는 그들과 함께 빠리로 떠날 것이다.

**3)** 그녀는 그보다 10cm가 더 작다.

**4)** 학교 앞에서 나를 기다려.

**5)** 일어나.

**6)** 나에게 네 가방을 줘.

### ▶ 정 답

**1)** Lui, il est gentil.  **2)** Je partirai à Paris avec eux.  **3)** Elle est plus petite que lui de 10 centimètres.  **4)** Attends-moi devant à l'école.  **5)** Lève-toi.  **6)** Donne-moi ton sac.

## ③ 1군 규칙 동사 변화의 변칙형

### 1. -e + 자음 + er 계열 동사 1형

La conjugaison de : mener 이끌다, peser 무게를 달다, lever 올리다, acheter 사다

뒤의 음이 묵음일 경우에는 앞의 e를 개음인 è의 형태로 해주는 계열 동사들이다.

[ə] devient [ɛ], et on écrit è :

(1) 주어가 1, 2, 3인칭 단수와 3인칭 복수에서 이런 변화가 일어난다. 1, 2인칭 복수형인 Nous와 Vous는 동사 변화 어미가 발음이 나므로 그대로 e의 형태로 둔다.

Aux trois personnes du singulier et à la 3e personne du pluriel du présent

(2) 2인칭 단수인 Tu에 대한 명령법에서도 앞의 e는 è로 되어야 한다.

A la deuxième personne du singulier de l'impératif

(3) 단순미래 변화에서는 모든 인칭에서 뒤의 e가 발음이 안나므로 앞의 e는 모두 è로 한다.

A toutes les personnes du futur :

| | | | | |
|---|---|---|---|---|
| **Présent** | Je mène | Je pèse | Je lève | J'achète |
| | Tu mènes | Tu pèses | Tu lèves | Tu achètes |
| | Il mène | Il pèse | Il lève | Il achète |
| | Nous menons | Nous pesons | Nous levons | Nous achetons |
| | Vous menez | Vous pesez | Vous levez | Vous achetez |
| | Ils mènent | Ils pèsent | Ils lèvent | Ils achètent |
| **Impératif** | mène! | pèse! | lève! | achète! |
| **Futur** | Je mènerai... | Je pèserai... | Je lèverai... | J'achèterai... |

## 2. -e + 자음 + er 계열 동사 2형

La conjugaison de : appeler 부르다, épeler 철자를 말하다, jeter 던지다

뒤의 음이 묵음일 경우에는 앞의 자음을 겹자음 형태로 해주는 계열 동사들이다.
이는 겹자음을 쓰므로서 앞의 e를 개음으로 바꾸기 위해서이다. 겹자음 앞에 있는 e는 항상 개음
인 [ɛ] 발음이 난다.

[ə] devient [ɛ], et on écrit ell, ett :

(1) 주어가 1, 2, 3인칭 단수와 3인칭 복수에서 이런 변화가 일어난다. 1, 2인칭 복수형인 Nous와
  Vous는 동사 변화 어미가 발음이 나므로 그대로 e의 형태로 둔다.
  Aux trois personnes du singulier et à la 3e personne du pluriel du présent

(2) 2인칭 단수인 Tu에 대한 명령법에서도 앞의 자음은 겹자음 형태로 되어야 한다.
  A la deuxième personne du singulier de l'impératif

(3) 단순미래 변화에서는 모든 인칭에서 뒤의 e가 발음이 안나므로 앞의 자음은 모두 겹자음 형태
  로 한다.
  A toutes les personnes du futur :

| Présent | J'appelle | tu appelles | il appelle |
|---|---|---|---|
| | nous appelons | vous appelez | ils appellent |
| | Je jette | tu jettes | il jette |
| | nous jetons | vous jetez | ils jettent |
| Impératif | Appelle! Jette! | | |
| Futur | J'appellerai... | Nous apellerons... | Je jetterai... Nous jetterons... |

◎ Mettez au présent, au passé composé, au futur, les phrases suivantes.
(다음 문장들을 현재, 복합과거, 단순미래로 하세요.)

1) J'(emmener) Pierre au café du coin de la rue.

2) Elle (peser) les tomates.

3) Elles (acheter) des cerises.

**4)** Il (lever) le bras en appelant le professeur.

**5)** Nous (appeler) la vendeuse.

**6)** Elle (jeter) des pierres au chien.

**7)** J'(épeler) mon nom au douanier.

**8)** Vous (mener) votre enfant dans ce parc.

▶ 정 답

**1)** J'emmène~, J'ai emmené~, J'emmènerai~  **2)** Elle pèse~, Elle a pesé~, Elle pèsera~  **3)** achètent~, Elles ont acheté~, Elles achèteront~  **4)** Il lève~, Il a levé~, Il lèvera~  **5)** Nous appelons~, Nous avons appelé~, Nous appellerons~  **6)** Elle jette~, Elle a jeté~, Elle jettera~  **7)** J'épelle~, J'ai éppelé~, J'épellerai~  **8)** Vous menez~, Vous avez mené~, vous mènerez

##  **4** 1군 동사 **-yer** 계열 동사 변화

La conjugaison des verbes en -AYER -OYER -UYER
balayer 비질하다, nettoyer 청소하다, essuyer 닦다 etc.

이 계열 동사들은 원형 어미 -yer에서 y이 다음의 경우에 모두 i로 바뀐다.

(1) 현재 1, 2, 3인칭 단수, 3인칭 복수 동사 변화에서 (Nous, Vous에서는 y 그대로 한다.)
(2) 2인칭 단수 Tu에 대한 명령법에서
(3) 단순미래 변화에서는 Nous, Vous를 포함한 모든 인칭에서

|  | Balayer | Nettoyer | Essuyer |
|---|---|---|---|
| **Présent** | Je balaie | Je nettoie | J'essuie |
|  | Tu balaies | Tu nettoies | Tu essuies |
|  | Il balaie | Il nettoie | Il essuie |
|  | Nous balayons | Nous nettoyons | Nous essuyons |
|  | Vous balayez | Vous nettoyez | Vous essuyez |
|  | Ils balaient | Ils nettoient | Ils essuient |
| **Impératif** | Balaie! | Nettoie! | Essuie! |

| Futur | Je balaierai... | Nous balaierons... |
|---|---|---|
|  | Je nettoierai... | Nous nettoierons etc. |

### *Attention!*

envoyer 보내다 동사의 단순미래는 어간이 완전 불규칙으로 변한다.
현재 변화는 위의 법칙을 그대로 따른다.

| Futur de envoyer | J'enverrai | Tu enverras | Il enverra |
|---|---|---|---|
|  | Nous enverrons | Vous enverrez | Ils enverront |

◉ Mettez au présent, au passé composé, au futur, les phrases suivantes.

(다음 문장들을 현재, 복합과거, 단순미래로 하세요.)

1) Elle (balayer) le sol.

2) Elles (nettoyer) les casseroles.

3) J'(essuyer) mes pieds avant d'entrer dans ce magasin.

4) J'(envoyer) un e-mail à mon professeur.

▶ 정 답

1) Elle balaie~, Elle a balayé~, Elle balaiera~   2) Elles nettoient~, Elles ont nettoyé~, Elles nettoieront~   3) J'essuie~, J'ai essuyé~, J'essuierai   4) J'envoie~, J'ai envoyé~, J'enverrai~

## ⑤ 강조 구문

**1.** 주어를 강조할 경우에는 C'est 주어 qui 동사의 형태를 취한다. 주어가 복수인 경우에는 Ce sont 주어 qui 동사의 형태로 한다.

Ma copine (sujet) est arrivée. C'est ma copine qui est arrivée.
Mes amis (sujet) sont arrivés. Ce sont mes amis qui sont arrivés.

**2.** 주어 이외의 것들을 강조할 경우에는 C'est 강조할 것 que 주어 + 동사의 형태를 취한다.

Elle habite à Paris. C'est à Paris qu'elle habite.
Je viens du Canada. C'est du Canada que je viens.
Elle est venue avec son père. C'est avec son père qu'elle est venue.

**3.** 주어 이외의 복수를 강조할 경우에는 Ce sont 강조할 것 que 주어 + 동사의 형태로 한다.

단수 Je choisis ce gâteau (objet). C'est ce gâteau que je choisis.
복수 Je choisis ces gâteaux (objet). Ce sont ces gâteaux que je choisis.

◎ 다음 문장의 밑줄친 부분들을 강조 구문으로 해서 각각 다시 쓰세요.

**1)** Ils se promenaient ce matin au bord de la Seine.

**2)** Il attend les touristes à l'aéroport.

▶ 정 답

**1)** Ce sont eux qui se promenaient ce matin au bord de la Seine. / C'est ce matin qu'ils se promenaient au bord de la Seine. / C'est au bord de la Seine qu'ils se promenaient ce matin. **2)** C'est lui qui attend les touristes à l'aéroport. / Ce sont les touristes qu'il attend à l'aéroport. / C'est à l'aéroport qu'il attend les touristes.

**❻ savoir 동사와 connaître 동사 용법 차이**

savoir – 뒤에 절이나 동사 원형이 온다. 뒤에 명사가 올 경우에는 우리가 나날이 익혀서 알 수 있는 학문 이름이나 언어명이 온다.

connaître – 이름이나 지명의 명사가 온다. 또한, 학문 이름이외의 명사를 아는 경우에 쓴다.

◎ Complétez les phrases suivantes avec savoir ou connaître.

(내용에 맞게 savoir나 connaître 동사를 변화 시키세요.)

**1)** Il __________ écrire une lettre en français.

**2)** Vous __________ que le peuple français a détruit la Bastille en 1789.

    *détruire 파괴시키다

**3)** Anna a __________ Claude chez Christian.

**4)** __________ -vous la place de la Bastille?

**5)** __________ -vous cette leçon par cœur?

    *savoir qch par cœur ~을 완전히 암기하다, ~을 완전히 이해하다

**6)** Elle ne __________ aucun jeune homme blond. *ne ~ aucun 어떤 ~도 전혀 아니다

**7)** Je __________ que cette prison était une vieille construction militaire.

    *une prison 감옥

**8)** Il ne __________ pas que cette ligne de métro s'arrête ici.

    *une ligne de métro 지하철 노선

**9)** Nous __________ les murs épais et magnifiques de ce vieux château car nous l'avons souvent visité. *un mur 벽 / épais, se 두꺼운 / un château 성

**10)** Nous __________ que Marie admire Claude.

▶ 정 답

**1)** sait **2)** savez **3)** connu **4)** Connaissez **5)** Savez **6)** connaît **7)** sais **8)** sait **9)** connaissons **10)** savons

# ◉ 연습 문제 정답



**제1부 초중급 불문법 총정리 연습 문제**

## 1. 직설법 현재(동사변화, 대명동사)

**1.**
1) Ils, Elles
2) Vous
3) Nous
4) Tu
5) Je, Il, Elle, On
6) Vous
7) Ils, Elles
8) Tu
9) Nous
10) Je, Il, Elle, On

**2.**
1) mange
2) rentrons
3) discute, regarde
4) déjeune
5) préfère, préfères
6) paye/paie
7) envoie

**3.**
1) finissons
2) réussis
3) réfléchissez
4) choisis
5) Obéis/Obéissez
6) salissent
7) rougit

**4.**
1) allons
2) pars
3) faites, fais
4) mets
5) prennent, prends
6) écrit, écris
7) lisent, lis
8) viennent

9) voulons
10) doit

**5.**
1) lave, me lave
2) me promènes
3) vous parlez

## 2. 축약관사

**1.**
1) de
2) des
3) de l'
4) du
5) de la
6) de

**2.**
1) à
2) au
3) aux
4) à la
5) à l'
6) à

## 3. 소유형용사 소유대명사

**1.**
1) votre
2) mes
3) ses
4) ton
5) leurs
6) votre
7) nos
8) ma
9) ta

10) ses

**2.**
1) ta
2) votre
3) mon
4) sa
5) leurs
6) notre

**3.**
1) mon, ma
2) sa
3) leurs

**4.**
1) le tien
2) les leurs
3) le vôtre
4) les miens
5) la nôtre
6) la sienne

**5.**
1) les tiens, les siens
2) le tien, le sien
3) la vôtre, la leur

## 4. 지시형용사 지시대명사

**1.**
1) cette
2) Ces
3) Ce
4) Cette
5) Cet
6) Ce
7) Cette
8) Cet
9) Ces

10) Cette

**2.**
1) ce week-end
2) ce mois-ci
3) cette année

**3.**
1) Ces, celle
2) Cet, celui
3) cette, celle

## 5. 형용사

**1.**
1) indienne
2) français, chiliens
3) sérieux
4) sérieuse, cultivée
5) originaux

**2.**
1) de nouveaux étudiants
2) les beaux chevaux
3) des enfants heureux
4) de beaux amis
5) de vieux hommes
6) les belles amies
7) de nouveaux journaux
8) les vieux pulls

## 6. 부사

**1.**
1) facilement
2) difficilement
3) vraiment

4) certainement
5) seulement
6) sûrement
7) complètement
8) normalement
9) réellement
10) malheureusement
11) entièrement
12) exactement
13) évidemment
14) patiemment
15) récemment
16) constamment
17) rarement
18) doucement
19) spécialement
20) naturellement
21) joliment
22) librement
23) régulièrement
24) secrètement
25) tendrement
26) passivement

**2.**

1) sérieusement
2) discrètement
3) franchement
4) patiemment
5) prudemment
6) attentivement
7) clairement

## 8. 비교급과 최상급

**1.**

1) moins
2) plus
3) Charles est aussi riche que Christian.
4) Caroline est plus grande que sa mère.

5) Ta valise noire coûte moins cher que la mienne.
6) Il fait plus chaud à Madrid qu'à Paris.

**2.**

1) plus, que
2) moins, qu
3) plus, que, plus
4) aussi, que, plus
5) plus, que, moins
6) plus, que

**3.**

1) meilleurs, que
2) mieux
3) mieux
4) aussi bien que, meilleures, moins bonnes
5) meilleur

**4.**

1) Patrick gagne plus que Frédéric.
2) Les hommes fument plus que les femmes.
3) Valérie dépense moins que moi.
4) moins en hiver qu'en été
5) autant les robes que les pantalons

**5.**

1) plus d'
2) moins de
3) plus d'
4) plus de
5) autant d'
6) plus de
7) autant de
8) autant de

**6.**

1) la plus
2) le plus
3) le plus, le meilleur
4) la plus, la meilleure
5) le moins
6) le plus de

## 9. 보어대명사

**1.**
1) lui
2) lui
3) leur
4) leur

**2.**
1) t'
2) lui
3) m'
4) leur
5) lui
6) me
7) leur
8) me

**3.**
1) tes voisins
2) Gérard Depardieu, Vanessa Paradis
3) la télévision
4) ta jupe

**4.**
1) t'
2) vous
3) t'
4) la
5) les
6) le
7) la, la
8) l'

**5.**
1) me, le
2) vous, la
3) le, lui
4) les, leur

## 10. 대명사

**1.**
1) en ont 2
2) je n'en ai pas
3) elle en a 4
4) j'en veux 10
5) j'en ai acheté un kilo
6) je n'en ai pas besoin
7) j'en veux
8) j'en ai 3

**2.**
1) j'y vais ce samedi
2) j'y travaille depuis 6 mois
3) je n'y ai pas réfléchi
4) j'y pense souvent
5) je n'y réponds pas
6) il y est
7) je n'y pense pas
8) j'y vais demain

**3.**
1) je t'en apporte
2) elle leur en donne
3) je vous les envoie
4) il me le rend
5) ils m'en achètent 또는 ils nous en achètent

**4.**
1) elle ne s'en sert pas
2) il ne lui en emprunte plus
3) je ne les y emmène pas souvent
4) je ne m'y intéresse pas
5) elles n'y vont pas

## 11. 명령법

**1.**
1) Regardez-moi!

**2)** Appuie-toi sur la table!
**3)** Envoie-moi des cartes postales!
**4)** Achète-toi une nouvelle robe!
**5)** Écoutons-les!
**6)** Parle-lui!
**7)** Habille-toi!
**8)** Approchez-vous!
**9)** Tirez-la!
**10)** Assieds-toi!

**2.**
**1)** Prenez-le!
**2)** Lis-le!
**3)** Faites-la!
**4)** Regarde-la!
**5)** Donnons-leur!
**6)** Offrez-moi!
**7)** Attends-les!
**8)** Invite-les.

**3.**
**1)** Ne le prenez pas.
**2)** Ne le lis pas.
**3)** Ne la faites pas.
**4)** Ne la regarde pas.
**5)** Ne leur donnons pas.
**6)** Ne m'offrez pas.
**7)** Ne les attends pas.
**8)** Ne les invite pas.

**4.**
**1)** Asseyez-vous!
**2)** Ne te lève pas!
**3)** Promenons-nous!
**4)** Concentre-toi!
**5)** Ne vous découragez pas!
**6)** Dépêchons-nous!
**7)** Lavez-vous!

## 12. 관계대명사

**1.**
**1)** J'aide une femme que je ne connais pas.
**2)** Vous portez une cravate qui est très jolie.
**3)** La femme qui parle bien français a les yeux bleus.
**4)** Ils vous ont parlé de l'institut que vous visiterez.
**5)** Je vois une femme qui vit dans mon quartier.
**6)** Prenez cette rue qui est à votre droite.

**2.**
**1)** qui
**2)** dont
**3)** où
**4)** que
**5)** qui
**6)** qui
**7)** dont
**8)** où
**9)** que

**3.**
**1)** Je connais la ville où vous avez passé vos vacances.
**2)** Vous irez à l'université où j'ai fait mes études.
**3)** Voici une actrice dont il me parle toujours.
**4)** Quels sont les outils dont ces ouvriers se servent?
**5)** Je préfère ce fauteuil où vous lisez votre journal.
**6)** C'est l'unversité dont M.Thomasson est le directeur.
**7)** J'aime cet appartement où j'habite depuis deux ans.

### 13. 근접과거 & 14-1. 복합과거 1

**1.**

1) Elle vient d'entrer dans sa chambre.
2) Nous venons de sortir de l'école.
3) Mes enfants viennent d'aller en France.
4) Elles viennent de descendre.
5) Les filles viennent de prendre le train.

**2.**

1) a mangé
2) avez fini
3) ai offert
4) a choisi
5) Il a écouté ses voisins et il les a regardés.
6) Il a allumé une cigarette et il l'a fumée.
7) Nous n'avons pas bu de vin.
8) Elle a ouvert la porte et son mari l'a fermée.
9) Elle a mis le couvert et son mari a pris une douche.
10) J'ai dit la vérité.
11) Elle n'a pas bien dormi.
12) Vous avez voulu faire les courses?
13) Vous avez fait du magasin?
14) Je l'ai vu une fois en France.
15) J'ai reçu un e-mail de mon père.

### 14-2. 복합과거 2

**1.**

1) Ils sont allés en Espagne.
2) La vieille dame est restée à sa place.
3) Les jeunes filles sont entrées dans le wagon.
4) La jeune fille est arrivée à Paris.
5) La petite fille est tombée sur le quai.
6) Tu t'es habillé?
7) Je me suis préparé.

**2.**

1) Voici les cadeaux qu'elles nous ont offerts.

2) Les robes qu'elles ont mises ont été tout à fait jolies.
3) Elles ont beaucoup mangé pendant les vacances.
4) Elle a rentré seule sa voiture au parking.
5) Elle a sorti son mouchoir de sa poche.
6) J'ai commencé une conversation et je l'ai continuée toute la matinée.
7) Elle est allée en Espagne.
8) Elle est sortie de chez elle à l'heure.
9) Ile s'est lavée dans la salle de bain.
10) Elle s'est coupé les cheveux.

### 15. 반과거

**1.**

1) Pierre continuait à chanter, mais il gênait les voisins, et il oubliait de penser aux autres.
2) Je lui demandais de me prêter ses affaires.
3) Ils fermaient la fenêtre à cause du bruit.
4) Vous marchiez vite et toutes vos actions étaient rapides.
5) Nous aimions surtout le silence.
6) Vous aviez peur.
7) Tous les matins, nous buvions du café chaud, et nous n'avions pas froid.
8) Tous les soirs, je prenais une douche avant de dormir.
9) Qu'est-ce que vous faisiez en France?
10) J'entendais du bruit dans la rue.
11) Le dimanche je rangeais toutes mes affaires.

**2.**

1) Quand elle a commencé à faire le ménage, son mari regardait la télévision.
2) Quand vous l'avez embrassée, votre femme s'occupait des enfant.
3) Quand je les ai appelés, ils n'étaient pas là.

4) Elle est retournée à son bureau, car elle avait du travail.
5) Les élèves écrivaient quand le professeur a lu le texte.
6) Vous dormiez au moment où elle est entrée dans votre chambre.
7) Elle souriait quand vous l'avez regardée et quand vous l'avez saluée.
8) Ils distribuaient des feuilles de papier aux élèves au moment où la classe a fini.
9) Nous avions soif quand elle nous a offert à boire.
10) Tous les samedis, on allait à la discothèque.

## 16. 대과거

**1.**

1) il l'avait mal fait
2) il avait perdue
3) il l'avait raté
4) il s'était endormi
5) il n'avait pas regardé sur son plan

**2.**

1) Quand les acteurs étaient entrés, tous les bruits se sont arrêtés.
2) J'ai présenté Pierre à Blanche mais avant, j'avais parlé de lui à la jeune fille.
3) Tu étais contente car tu avais vu le nom de Madeleine sur le programme.
4) Elle avait trop marché et elle s'était trop fatiguée.
5) Quand le directeur est arrivé dans mon bureau, j'avais fini mon travail depuis 10 minutes.
6) Lorsqu'elle est allée éudier en France, elle avait assez étudié le français.
7) Nous sommes allés chez Marie. Elle nous avait invités à voir un film.
8) Quand M. Renault est arrivé en Corée, sa femme était déjà partie au Mexique.

## 17. 근접미래 & 18. 단순미래

**1.**

1) Nous allons avoir de bons professeurs à cette école.
2) On va finir le jeu.
3) Elles vont être au Canada.
4) Nous allons voir la tour Eiffel.
5) On va aller à Dijon?
6) Ils vont venir avec leurs copines.
7) Vous allez prendre un parapluie?
8) Elle va dire bonjour à ses collègues le matin.
9) Je vais lire "Les Misérables."
10) Je vais envoyer un email à mon copain.

**2.**

1) Vous serez seul, vous aurez faim, vous chercherez quelque chose à manger.
2) Vous m'apporterez le menu.
3) Aujourd'hui, vous irez à Paris.

**3.**

1) Quand je me réveillerai, je regarderai ma montre.
2) Je ne retrouverai pas les deux jeunes gens.
3) Je ne me préparerai pas à aller chez mon amie.
4) Je ne changerai pas.

**4.**

1) Quand je pourrai trouver un livre intéressant, je l'enverrai à mon copain.
2) Quand vous verrez un livre ennuyeux, vous ne pourrez pas le lire.
3) Elle pourra étudier l'histoire du Moyen Age, mais elle ne le voudra pas.
4) Tu voudras ce livre, mais tu ne pourras pas l'acheter parce qu'il sera trop cher.

5) Je voudrai la voir mais je ne pourrai pas la rencontrer.
6) Ils ne seront pas dans la classe.
7) Iront-ils vers la France?
8) Elle viendra de France.
9) Je ferai les courses avec mon mari.
10) Je boirai un verre d'eau.
11) Nous lirons des livres en anglais.

## 19. 전미래

**1.**

1) te seras lavé les mains
2) l'aurai cirée
3) les aurai repeintes
4) l'aurai réparée
5) les aurai lavés

**2.**

1) auras fini tes études
2) auras économisé de l'argent, achèteras une maison
3) auras acheté une maison, te marieras

**3.**

1) Avant 7 heures, la jeune fille se sera réveillée, elle se sera levée, elle se sera habillée et elle se sera préparée à sortir.
2) Avant 9 heures, les deux jeunes filles se seront téléphoné, elles se seront parlé, elles se seront promis de se revoir et elles se seront donné leurs adresses.
3) Quand elle sera arrivée sur la plage, elle courra vers la mer.
4) Lorsque je serai sorti de la station, je prendrai un taxi.
5) Quand elles aura vu ensemble un film, elles iront au restaurant.
6) Elles arriveront à minuit mais déjà ils seront partis une heure avant.

7) Elles n'y arrivent pas encore. Elles auront manqué le train de 19 heures.
8) Tu auras oublié de fermer le gaz avant de sortir.

## 20. 조건법

**1.**

1) voudrais, pourrais
2) auriez
3) pourrais
4) devrais
5) devriez

**2.**

1) étais, ferais
2) avaient, sortiraient
3) gagnais, achèterais, voyagerais, donnerais
4) serais, invitais

**3.**

1) avait fait, serais allé
2) vous étiez levé, auriez pu
3) avait pris, serait arrivé
4) Si tu ne m'avais rien dit, j'aurais été



1) Je (poursuis) mes études (en allant) aux cours du soirs à l'unversité.
2) Elle (s'est préparée) à passer 3 ans en France.
3) Ils (ont quitté) leur pays pour aller étudier en France.
4) Elle (est montée) au cinquième étage.
5) Ils (ont monté) les étages par l'escalier.

6) L'arrivée à Paris est (prévue) pour midi.

7) Le train (n'a-t-il) pas de retard?

8) Tous les autres passagers (sont allés) au wagon-restaurant.

9) Elle se lève pour chercher quelque chose (à) manger dans sa valise.

10) Les voyagers (sont tous revenus) à leur place.

11) (Fallait-il) rester ici?

12) Nous (n'avons pas pris que) nos affaires.

13) Quels livres (avez-vous emportés)?

14) Au loin on (aperçoit) des usines avec de grosses cheminées.

15) Leur état ne présage rien (de) bon.

16) Elle (est restée) à la maison.

17) Je suis un peu triste de (les avoir quittés).

18) (Prépare-toi.)

19) Il marche (d'un pas lourd).

20) Ce sont deux petites chambres clairs propres (à coté l'une de l'autre).

21) Il chante (en faisant) sa toilette.

22) (Fais, Faisons, Faites) moins de bruit.

23) J'ai envie de (m'y reposer) et de (ne rien faire) après le dîner.

24) J'ai oublié (de) vous faire remplir les fiches d'inscriptions.

25) Il suffit (d') inscrire votre nom et votre numéro de passeport.

26) Ma famille (séjournait) dans un grand hôtel.

27) Les portes (se fermaient) violemment.

28) Ils (prenaient) l'ascenseur.

29) La chambre de mes parents (était) au premier étage.

30) Il y (avait) beaucoup de monde dans la rue.

31) Ils nous (attendaient) sur le quai.

32) Le taxi nous (arrêtés) devant une maison moderne.

33) Il nous (a serré) la main.

34) Nous avons déjeuné avec plaisir (car nous avions faim).

35) Il (faisait) beau.

36) Elles (sont retournées) dans leur bureau car elles (avaient) beaucoup de travail.

37) Vous (verrez), vous y serez bien.

38) Le prix de l'essence ne cesse (d')augmenter.

39) (Ne vous en faites pas) pour nous, tout va bien.

40) Ils ne (disaient) rien.

41) Par polites, il (n'en a rien dit).

42) Ils (l'ont remerciée) de leur envoyer un bouquet de fleurs.

43) Les librairies (ne manquent pas non plus).

44) Hier, elle (s'y est perdue).

45) Comme tu ne (venais) pas, elle (s'est habillée) et elle (est descendue) voir si tu n'(étais) pas dans la rue.

46) La prochaine fois, tu me (prévindras) avant de partir, ça m'évitera (de) te chercher inutilement.

47) (Je n'y arrive pas).

48) La Seine va (de l'est à l'ouest) alors que la rue Saint-Jacques, elle, va (du nord au sud).

49) Les Parisiens d'autrefois, quand ils (voyageaient), (s'en allaient) soit par ce fleuve, soit par cette route.

50) Ici, il y a plus de deux mille ans, Paris (est né).

51) Je connais cette ville, je (l'ai vue) quand je regardais par la fenêtre du train.

52) (Va-t'en).

53) Quand ils (sont rentrés) à leur hôtel, ils (ont entendu) les douze coups de minuit.

54) Je (revoyais) mon professeur de français nous le (lisant) et (mettant) l'accent sur chaque mot.

55) Comme ça, il (pourra) découvrir l'histoire de Paris et quand nous (nous promènerons) avec nos amis, il ne leur (poserai) plus de questions inutiles et fatigantes.

56) Il (n'ira nulle part) et elle (se perdra partout).

57) Avant (de) partir, il lui a laissé une commission.

58) Elle se demande comment elle (va y aller).

59) Il doit lui rembourser quand il (retire des espèces).

60) Elle doit se servir (d') un aspirateur ou d'un lave-vaisselle.

61) Ce bus vous (mènera) à la place Trocadéro.
62) L'air y est bien (meilleur), on respire (mieux).
63) Elle a fait des essais et s'est décidée (à) acheter une robe.
64) Je n'entendrai plus mon voisin se plaindre (de) mon enfant.
65) Dans quelques instants, nous (atteindrons) l'Académie française sur votre droite.
66) Et puis tu m'énerves, j'en ai marre (de) toi.
67) J'ai passé toute ma vie (à) en étudier la civilisation.
68) Mon frère et (moi) avons eu plaisir (à) découvrir l'histoire de France.
69) (Vas-y).
70) Il est presque neuf heures, et j'aime dîner tôt, tu (le) sais bien.
71) Il (a suivi) ma classe à la Sotbonne.
72) (Ne soyez pas) surpris d'être malade.
73) D'après lui, je suis le seul (à) avoir pu lui apporter des réponses à ses questions.
74) Comme ils (paraissaient) très gentils, je les (ai accompagnés).
75) On ne peut pas terminer ce travail (en) une heure.
76) Afin (de) se préparer, il raconte aux jeunes gens la vie de Molière.
77) Il a du mal (à) comprendre et tout le monde se moque (de) lui.
78) La fin de l'entracte a sonné et chacun (a dû) regagner sa place.
79) A ces paroles, Marie (était devenue) toute rouge.
80) Elle m'a dit que vous (aviez rencontré) son grand-père sur un bateau-mouche.
81) C'était une voix (qui) ne lui était pas inconnue. C'était (celle) d'Elisabeth, une camarade de classe.
82) Mais toi, tu ne (devais) pas venir en France. Tu (ne me l'avais pas dit).
83) J'(avais prévu) d'y déjeuner un jour, cette semaine.
84) Si vous (voulez), vous (pouvez) y venir demain.
85) Après (s'être mises) d'accord pour déjeuner ensemble au restarant de la Cité Universitaire ce jeudi, elles parlent de leur séjour à Paris.
86) Elle (s'est inscrite) au programme de quatre semaines à l'institut.
87) Il est plus tard que (ce que je pensais).
88) (A) bavarder ensemble, Je (n'ai pas vu) le temps passer.
89) Comme ni Pierre, ni moi ne (sommes) étudiants ici, nous ne pouvons pas résider à la Cité Universitaire.
90) Mon frère regrette un peu (de) ne pas être au milieu des étudiants.
91) Dis-lui (de) venir me voir quand il veut.
92) Allons au jardin du Luxembourg. J'en profiterai pour lire le livre (que) mon amie m'a prêté au sujet des châteaux français.
93) Comme ça, je connaîtrai un peu mieux les châteaux français pour le jour (où) nous les visiterons.
94) Et si on (allait) au café?
95) Je vais (me faire couper) chez le coiffeur.
96) Tu n'(auras) qu'à m'y rejoindre à l'heure du déjeuner.
97) (Je ne cherche rien à manger.)
98) Tu (me le) donnes.
99) Tu (le lui) donnes.
100) Donne-(le-lui).
101) Donne-(le-moi).
102) Ne (me le) donne pas.
103) Ne (le lui) donne pas.
104) (Faites du sport.)
105) ( Il n'y a personne?)
106) (Sois calme.)
107) (N'ayez pas de courage.)
108) Elle (sera rentrée) à la maison avant minuit.
109) Elle ne cherche rien (de) beau.
110) Il regarde la voiture (que) sa femme a achetée.
111) Elle se souvient du jour (où) il est mort.

112) C'est la ville (où) je suis né.

113) Les conversations (que) j'ai eues avec elle m'ont été d'une aide précieuse.

114) N'oublie pas (de) lui transmettre mes amitiés.

115) J'ai fait une croisière sur la Seine (où) nous avons fait la connaissance d'un professeur très savant (qui) nous a emmenés au bois de Boulogne.

116) Je t'enverrai les renseignements dès que je les (aurai rassemblés).

117) Si tu as encore besoin de quelque chose, n'hésite pas (à) me le demander.

118) Avant mon départ à Paris, nous (nous étions promis) de nous écrire de longues lettres.

119) J'ai bien regardé les robes (que) portaient les filles françaises.

120) Nous n'avons rien (à) leur envier.

121) Nous avons fait la connaissance de gens très gentils (qui) nous sortent et nous font découvrir des tas de choses passionnantes à Paris.

122) Jeanne a-t-elle commencé ses examens? Marie et Sylvie ont-elles terminé (les leurs)?

123) Après (être sortie) de son école, elle va au café.

124) Elle (s'est lavé) les mains.

125) Elles (se sont regardées) l'une l'autre.

126) (Ne vous en faites pas.)

127) (n'ayez pas peur.)

128) Elle (s'est adressée) à la jeune fille d'une voix douce.

129) Abstenez-vous (de) toute lecture dans les jours à venir.

130) J'ai dans ma bibliothèque beaucoup de livres modernes car j'aime les auteurs engagés, (ceux) qui s'intéressent aux préoccupations de leurs congénères et qui n'hésitent pas (à) aborder les questions sociales et politiques.

131) Les écrivains modernes (dont) on parle ont un regard critiques sur les problèmes politiques et sociaux de leur époque.

132) Moi, j'aime les livres, un vieux livre c'est comme un (vieil) ami pour moi.

133) (Par) les jours de grand froid, j'aime mieux m'installer dans ma fauteuil en compagnie d'un bon livre.

134) Elle était professeur dans la ville (où) j'habitais alors.

135) Par bonté et par amour pour les hommes elle a quitté sa vie calme et paisible pour (celle) des ouvriers d'usine.

136) Jamais je n'oublierai le jour (où) elle nous a quittés.

137) Vous avez fermé la porte (que) j'avais ouverte.

138) Voici le four (dont) on se sert pour fondre le métal.

139) Voilà une maison (dont) le toit est rouge.

140) J'ai appris le français pendant l'année (où) je faisais des études à Paris.

141) J'habite depuis trois ans dans cet appartement (que) j'aime.

142) Elle nous a quittés le jour (dont) j'aime me souvenir.

| acheter 사다 | | aller 가다 | appeler 부르다 | | s'asseoir 앉다 | avoir 가지다 | boire 마시다 |
|---|---|---|---|---|---|---|---|
| achète | peser 무게를 달다 | vais | appelle | | m'assieds | ai | bois |
| achètes | | vas | appelles | | t'assieds | as | bois |
| achète | achever 완성하다 | va | appelle | | s'assied | a | boit |
| achetons | mener 이끌다 | allons | appelons | jeter 던지다 | nous asseyons | avons | buvons |
| achetez | | allez | appelez | | vous asseyez | avez | buvez |
| achètent | lever 일으키다 | vont | appellent | épeler 철자를 말하다 | s'asseyent | ont | boivent |
| [acheté] | crever 터지다 | <allé> | [appelé] | | [assis] | [eu] | [bu] |
| achèterai | semer 씨뿌리다 | irai | appellerai | | m'assiérai | aurai | boirai |

| conduire 데리고 가다 | | connaître 알다 | | courir 달리다 | | croire 생각하다 | cueillir 따다 | |
|---|---|---|---|---|---|---|---|---|
| conduis | cuire 굽다 | connais | | cours | | crois | cueille | |
| conduis | | connais | | cours | | crois | cueilles | |
| conduit | construire 세우다 | connaît | | court | | croit | cueille | |
| conduisons | détruire 파괴하다 | connaissons | paraître ~처럼 보이다 | courons | | croyons | cueillons | |
| conduisez | | connaissez | disparaître 사라지다 | courez | parcourir 주파하다 | croyez | cueillez | |
| conduisent | instuire 가르치다 | connaissent | apparaître 나타나다 | courent | accourir 급히오다 | croient | cueillent | accueillir 맞이하다 |
| | introduire 도입하다 | | reconnaître 알아보다 | | secourir 구조하다 | | | recueillir 모으다 |
| [conduit] | produire 생산하다 | [connu] | | [couru] | | [cru] | [cueilli] | |
| | réduire 줄이다 | | | | | | | |
| conduirai | traduire 번역하다 | connaîtrai | | courrai | | croirai | cueillerai | |

| devoir<br>～해야한다 | dire<br>말하다 | écrire<br>쓰다 | envoyer<br>보내다 | être<br>이다 | faire<br>만들다 | lire<br>읽다 |
|---|---|---|---|---|---|---|
| dois | dis | écris | envoie | suis | fais | lis |
| dois | dis | écris | envoies | es | fais | lis |
| doit | dit | écrit | envoie | est | fait | lit |
| devons | disons | écrivons | envoyons | sommes | faisons | lisons |
| devez | dites | écrivez | envoyez | êtes | faites | lisez |
| doivent | disent | écrivent | envoient | sont | font | lisent |
| [dû] | [dit] | [écrit] | [envoyé] | [été] | [fait] | [lu] |
| devrai | dirai | écrirai | enverrai | serai | ferai | lirai |

| mettre<br>놓다 | | mourir<br>죽다 | naître<br>태어나다 | ouvrir<br>열다 | | peindre<br>그리다 | |
|---|---|---|---|---|---|---|---|
| mets | | meurs | nais | ouvre | | peins | teindre<br>염색하다 |
| mets | permettre<br>허락하다 | meurs | nais | ouvres | couvrir<br>덮다 | peins | atteindre<br>도달하다 |
| met | promettre<br>약속하다 | meurt | naît | ouvre | découvrir<br>발견하다 | peint | éteindre<br>끄다 |
| mettons | soumettre<br>복종시키다 | mourons | naissons | ouvrons | souffrir<br>고통을겪다 | peignons | craindre<br>두려워하다 |
| mettez | admettre<br>받아들이다 | mourez | naissez | ouvrez | offrir<br>제공하다 | peignez | plaindre<br>동정하다 |
| mettent | commettre<br>저지르다 | meurent | naissent | ouvrent | | peignent | joindre<br>합치다 |
| [mis] | | <mort> | <né> | [ouvert] | | [peint] | |
| mettrai | | mourrai | naîtrai | ouvrirai | | peindrai | |

| pouvoir<br>할 수 있다 | prendre<br>잡다 | | recevoir<br>받다 | | répondre<br>대답하다 | | rire<br>웃다 | |
|---|---|---|---|---|---|---|---|---|
| peux | prends | | reçois | | réponds | défendre<br>막다 | ris | |
| peux | prends | | reçois | | réponds | rendre<br>되돌려주다 | ris | |
| peut | prend | | reçoit | | répond | | rit | |
| pouvons | prenons | apprendre<br>배우다 | recevons | | répondons | prétendre<br>주장하다 | rions | |
| pouvez | prenez | comprendre<br>이해하다 | recevez | apercevoir<br>발견하다 | répondez | entendre<br>듣다 | riez | |
| peuvent | prennent | surprendre<br>놀라게하다 | reçoivent | | répondent | descendre<br>내려가다 | rient | sourire<br>미소짓다 |
| [pu] | [pris] | entreprendre<br>시도하다 | [reçu] | concevoir<br>이해하다 | [répondu] | attendre<br>기다리다 | [ri] | |
| | | | | | | vendre<br>팔다 | | |
| pourrai | prendrai | | recevrai | | répondrai | tendre<br>내밀다 | rirai | |

| savoir<br>알다 | sortir<br>외출하다 | | suivre<br>따라가다 | se taire<br>조용히 하다 | valoir<br>가치가 나가다 |
|---|---|---|---|---|---|
| sais | sors | partir<br>떠나다 | suis | me tais | vaux |
| sais | sors | sentir<br>느끼다 | suis | te tais | vaux |
| sait | sort | | suit | se tait | vaut |
| savons | sortons | servir<br>대접하다 | suivons | nous taisons | valons |
| savez | sortez | dormir<br>자다 | suivez | vous taisez | valez |
| savent | sortent | mentir<br>거짓말하다 | suivent | se taisent | valent |
| [su] | <sorti> | consentir<br>동의하다 | [suivi] | [tu] | [valu] |
| saurai | sortirai | | suivrai | me tairai | vaudrai |

| venir<br>오다 | | vivre<br>살다 | voir<br>보다 | vouloir<br>원하다 | 비인칭표현 |
|---|---|---|---|---|---|
| viens | devenir<br>～이 되다 | vis | vois | veux | |
| viens | | vis | vois | veux | |
| vient | revenir<br>다시오다 | vit | voit | veut | falloir → il faut |
| venons | souvenir<br>회상하다 | vivons | voyons | voulons | [il a fallu] |
| venez | | vivez | voyez | voulez | il faudra |
| viennent | tenir<br>잡다 | vivent | voient | veulent | |
| | obtenir<br>얻다 | | | | pleuvoir → il pleut |
| | | | | | [il a plu] |
| <venu> | | [vécu] | [vu] | [voulu] | |
| | contenir<br>포함하다 | | | | il pleuvra |
| viendrai | retenir<br>붙잡다 | vivrai | verrai | voudrai | |

## 🔵 주요 시제 만드는 법

- 직설법 현재 : 제1군 (~er) [~é] -e / -es / -e / -ons / -ez / -ent
  제2군 (~ir) [~i] -is / -is / -it / -issons / -issez / -issent
  제3군 (불규칙이므로 동일 변화 그룹별로 암기)

- 직설법 복합과거 : 조동사 avoir나 être의 현재 + 과거분사

- 직설법 단순미래 : 1.2군 동사의 원형 + -ai / -as / -a / -ons / -ez / -ont (3군 불규칙 제외)

- 직설법 전미래 : 조동사 avoir 나 être의 단순미래 + 과거분사

- 직설법 반과거 : 직설법 현재 1인칭 복수 어간 + -ais / -ais / -ait / -ions / -iez / -aient (être는 étais)

- 직설법 대과거 : 조동사의 avoir 나 être의 반과거 + 과거분사

- 조건법 현재 : 단순미래 어간 + 반과거 어미 → 예외 없음

- 접속법 현재 : 직설법 현재 3인칭 복수 어간+ -e / -es / -e / -ions / -iez / -ent
  (nous, vous는 직설법 반과거 변화와 동일)

- 단순 과거 : -ai / -as / -a / -âmes / -âtes / -èrent
  -is / -is / -it / -îmes / -îtes / -irent
  -us / -us / -ut / -ûmes / -ûtes / -urent
  -ins / -ins / -int / -înmes / -întes / -inrent